CLÉMENTINE GARNIER

Confidences sur la grossesse

Ouvrage relu par le Dr G. Delacroix, pédiatre

LE LIVRE DE POCHE

Bien que cet ouvrage ait été relu avec attention par un médecin, il ne peut en aucun cas se substituer à un suivi médical complet durant la grossesse.

Couverture : © Kanako / Agence Marie Bastille.
© Librairie Générale Française, 2011.
ISBN : 978-2-253-13173-1 – 1re publication LGF

En souvenir du Projet Tahaa…

Avant-propos

La première grossesse représente une aventure incroyable dans la vie d'une femme, une parenthèse après laquelle elle ne sera plus jamais la même. Pourtant, rien ne nous prépare aux multiples bouleversements, surprises, impatiences qui jalonnent ce parcours vers l'accouchement !

Vous en connaissez beaucoup des ex-femmes enceintes qui vous ont avoué qu'elles avaient eu de l'aérophagie ou des hémorroïdes ? Qu'elles avaient douté de savoir aimer leur enfant à la naissance ? Qu'elles avaient eu envie de distribuer des paires de claques à tous les indiscrets qui se mêlaient de connaître les détails de leur grossesse comme si c'était un tableau d'affichage dans un hall de gare ?

Parce que quand on est enceinte, chaque jour apporte de nouvelles questions, petites ou grandes angoisses, il était temps de faire la lumière sur toutes ces interrogations et d'y apporter les réponses dont chacune a besoin un jour. Parce que quand on est enceinte, on ne devrait jamais culpabiliser, jamais dramatiser, profitons d'être entre nous pour des confidences sans tabou sur les 9 mois les plus incroyables de notre vie. Parce que quand on est enceinte, le plus important, c'est d'en profiter pleinement, de savourer chaque instant et chaque changement.

Sans jamais oublier qu'au milieu de cette traversée, le quatuor gagnant c'est vous, Chéri, Babychou et votre médecin, à qui vous ne devez pas hésiter à poser toutes vos questions, même les plus farfelues. N'oubliez jamais cette équation : femme enceinte sereine = bébé zen.

Cet ouvrage, loin des détails médicaux sur la grossesse, compile conseils, astuces de filles, infos pratiques et fous rires : de quoi picorer et vous booster jusqu'à votre retour à la maison avec Babychou dans les bras !

Chaque grossesse est unique, chaque femme est différente : ce livre s'adresse à toutes les futures mères pour envisager avec humour un quotidien bouleversé et un corps transformé pendant ces 9 mois.

Bonne lecture, et bonne grossesse à vous.

Clémentine

Tomber enceinte, un jeu de (grands) enfants...

Non, tomber enceinte n'est pas simple comme bonjour, quoi qu'en dise le bon sens populaire...

Vous êtes une femme, donc *a priori*, l'idée qu'un jour vous seriez mère a dû vous traverser l'esprit. *Whaaaa*. En fonction de chacune, cette révélation est arrivée à un âge différent, pour un motif différent, avec un « whaaaa » aux intonations différentes. Pour vous ici, le désir d'enfant est une évidence depuis vos 15 ans ; pour vous, là-bas, c'est une question qui vous est tombée dessus au détour d'un apéro entre copines. Envie de fonder une famille, horloge biologique, désir de pouponner, besoin d'un projet de couple : chacune son déclic, mais ça y est, vous êtes prête. Chéri et vous avez décidé de sauter le pas : vous vous lancez !

Par quoi je commence ?

Il est préférable de mettre votre gynécologue dans la confidence, même si ce n'est pas forcément la première personne avec qui vous avez envie de partager ce grand projet. Il va alors vous prescrire une batterie de vitamines et d'examens pour vous mettre en condition pour une future grossesse : test d'immunité à la toxoplasmose (un parasite anodin en temps normal, mais dangereux pour le fœtus), groupe sanguin, bilan sanguin, etc. La liste est plus ou moins longue en fonction des médecins, mais comme un avion avant le décollage, vous êtes « checkée » pour vérifier que toutes les conditions sont réunies pour démarrer une grossesse sereine. À côté, la préparation pour les J.O. vous apparaîtra comme une promenade de santé. Ne zappez pas les vitamines conseillées par votre médecin, elles permettent à votre corps de faire du stock avant le début de votre grossesse, et vous aurez besoin de ces réserves pour la suite. La vitamine B9, par exemple, aussi appelée acide folique, est très importante pour la formation de la moelle épinière de votre futur bébé. Certains médecins vous diront d'attendre un mois ou deux en « faisant attention » après l'arrêt d'une pilule, le temps que la machine se remette en route : rien d'avéré sur ce sujet, à vous de voir comment vous le sentez !

Une fois que vous aurez démarré votre dopage, vous pourrez alors vous lancer de manière très romantique dans la conception. Plus de place dès lors pour la fantaisie : ces quelques semaines de préparatifs ont déjà fait disparaître la spontanéité de votre désir d'enfant pour le transformer en un objectif à atteindre, et vite !

Pourquoi ça prend du temps ?

On dit qu'il faut entre 6 mois et un an pour concevoir un enfant. C'est une moyenne. Cela veut donc dire que certaines mettent 15 jours à tomber enceintes, d'autres 2 ans. Si comme la plupart des couples, vous patientez quelques mois avant de faire votre premier test de grossesse, re-la-ti-vi-sez !

Tout d'abord, à quelle fréquence faites-vous l'amour ?

Certains couples sont animés d'un désir décuplé à l'idée que leurs rapports peuvent déboucher sur la conception d'un héritier, aussi font-ils l'amour beaucoup plus souvent qu'à l'ordinaire. Beaucoup d'autres, en revanche, ne modifient pas leurs habitudes sexuelles. Et soyons honnêtes, mesdames, au bout de quelques années de vie commune, ce n'est pas la fête tous les soirs ! Si vous faites crac-crac deux fois par semaine, c'est déjà une belle performance ! Forcément, cela diminue les chances de tomber enceinte en claquant des doigts… Alors, où avez-vous rangé ce porte-jarretelles so sexy que Chéri vous a offert pour votre dernier anniversaire ?

Sans oublier qu'avec nos vies de femmes modernes-qui-travaillent-qui-sortent-qui-sont-un-peu-wonderwoman, pas forcément évident d'être dans de bonnes conditions au moment de l'ovulation. Bah oui, c'est bien joli d'essayer de faire un bébé, mais si, quand vous (ou Chéri) n'êtes pas en déplacement, c'est fiesta alcoolisée du jeudi au dimanche, et boulot jusqu'à 22 h le reste du temps, le stress et la fatigue accumulés ne sont pas des atouts dans la conception d'un enfant. Faites un petit bilan sur votre rythme de vie avant de vous mettre la pression parce que Babychou n'arrive pas. Et pour vous rassurer, sachez que pour un rapport fécondant chez un couple fertile, dans le meilleur des cas, vous avez une chance sur quatre pour que ça morde. Donc bon… Tout est dit, détendez-vous, ça finira par venir, mais il faut persévérer.

Face à l'attente qui s'installe à cette période, il y a plusieurs réactions. Il y a celles qui n'y pensent pas et qui réalisent un matin qu'elles ont 15 jours de retard et que leur soutien-gorge est trop petit. C'est une minorité d'extraterrestres, sans doute apparentées au 0,1 % de femmes qui n'a pas de cellulite. Il y a surtout celles qui, dès le premier cycle infructueux, guettent ensuite l'apparition des premiers symptômes de la grossesse avec une angoisse croissante : « *Tiens, je n'aurais pas un peu mal aux seins, là ? Et cette nausée, c'est les crevettes qui sont mal passées ou est-ce que ça pourrait être ÇA ?* »

Bien que Chéri vous exhorte à la patience et à l'insouciance, cette impatience est normale : dès lors que vous formulez votre désir d'enfant, vous souhaitez le voir se réaliser au plus tôt, et vous vivez dans l'inquiétude plus ou moins consciente de découvrir que vous n'êtes pas capable de procréer. Car c'est, hélas, l'une des rares choses que l'on ne peut pas vérifier tant que l'on n'a pas essayé.

Et on gère comment, avec Chéri ?

Cette attente peut créer un décalage dans le couple, soyez-y prête au cas où. Madame se demande si tout fonctionne bien chez elle ; elle se rend aussitôt responsable du délai de procréation. « *Je n'aurais pas dû fumer ces trois cigarettes quand j'avais quinze ans, ça fait trop longtemps que je prends la pilule, et si en fait je n'avais jamais ovulé de ma vie...* » La liste de réflexions autoflagellantes est longue... et vaine.

Chéri, en général, ne se pose pas toutes ces questions. Moins pressé de voir débarquer dans sa vie confortable un petit être braillard qui va monopoliser votre attention et bousiller ses nuits, il prend avec philosophie cette période d'attente et répond à vos angoisses par un « *arrête d'y penser, ça risque de tout bloquer* ». Un axiome vraiment d'une grande aide auprès d'une future mère...

Et si ladite future mère décide de sortir le grand jeu tous les soirs pour ne pas risquer de louper son créneau mensuel de « fécondité » (c'est tellement romantique), Chéri pourrait trouver tout à coup les galipettes moins amusantes, désir rimant mal avec obligation. Si, au bout d'un mois ou deux, vous réalisez qu'il préfère regarder un documentaire sur les fourmis en Amazonie plutôt que vous rejoindre au lit malgré vos trois passages devant la télé en nuisette transparente, c'est peut-être qu'il n'est pas à l'aise avec cette nouvelle dimension « utilitaire » de votre sexualité. Pour certains, cela se traduit parfois par des pannes, voire un rejet de leur compagne. Soyez à l'écoute de ces signaux, et essayez de relâcher la pression si vous le sentez crispé sur la question : planquez vos catalogues de puériculture et votre livre de prénoms, évitez d'aborder le sujet pendant quelque temps, et les choses devraient reprendre leur cours.

D'autres hommes sont à l'inverse aussi impatients que la future maman de devenir père, et cela peut alors engendrer une spirale difficile à gérer pour le couple, où l'attente du jour fatidique des règles devient le point central de la vie à deux.

Dans tous les cas, votre schéma de couple se modifie dès lors que vous avez décidé de faire un enfant ensemble. Ce nouvel objectif sous-tend vos décisions, vos projets et vos envies à tous les deux, avant même que Babychou soit sur les rails : l'adaptation à la grossesse démarre bien en amont ! Chéri aura peut-être envie de profiter de vos derniers mois de « liberté » pour planifier un trek en Amazonie, que vous hésiterez à accepter : « *Oui, mais si je suis enceinte, comment on fait ? C'est plus prudent de prévoir de partir à Saint-Malo…* » Bref, vous entrez dans une période charnière de l'histoire de votre couple sans savoir encore quand vous atteindrez le prochain *check point* : humour, zénitude et dialogue sont des atouts utiles pour gérer cette période en attendant que Babychou prenne ses quartiers dans votre utérus.

Comment optimiser ?

Si Babychou tarde à faire son apparition, il existe des moyens de savoir (enfin, d'essayer de savoir) à quel moment vous ovulez. La bonne vieille méthode basée sur le relevé matinal de la température pour tenter de déterminer la période d'ovulation est plutôt dépassée : il existe maintenant des tests d'ovulation vendus (cher !) en pharmacie. Ils annoncent l'ovulation en détectant dans les urines l'augmentation de l'hormone qui donne à l'ovaire le signal d'envoyer l'ovule. Ils permettent donc de cibler la période à laquelle vous êtes fertile. Mais ces tests ne sont pas fiables à 100 %, et, de surcroît, la période de fécondité s'étalant sur plusieurs jours (dans un cycle de 28 jours, on considère généralement que l'ovulation se produit le 13e ou 14e jour), c'est difficile de bien viser malgré cette aide. Mieux vaut attendre, pour les utiliser, d'avoir essayé plusieurs mois sans vous poser trop de questions, même si c'est plus facile à dire qu'à faire.

Chacune son truc, mais je ne pourrais que vous recommander une certaine discrétion pour vous préserver pendant cette période de « préconception ». Cette démarche ne regarde que vous et Chéri, et les expériences des autres ne vous seront pas d'une grande aide.

En bref...

* Si vous n'avez pas le profil de Clara Morgane au lit, boostez vos habitudes sexuelles pour mettre toutes les chances de votre côté. Et levez le pied : ça donnera de l'oxygène à vos ovules. Cela vaut aussi pour les spermatozoïdes de Chéri.

* Pour mémo, un ovule vit 24 heures, les spermatozoïdes environ 72 heures, s'ils sont vigoureux. Si vous avez des cycles réguliers, vous pouvez tenter de calculer votre période d'ovulation pour bien viser. Le jour J n'est pas forcément le bon moment, puisque le temps que les spermatozoïdes remontent, l'ovule risque de ne plus être opérationnel.

* Attention, Chéri pourrait avoir l'impression d'être utilisé comme banque du sperme s'il se rend compte que vous calculez vos soirs de « disponibilité » : essayez donc d'attendre quelques mois avant de « planifier » vos galipettes.

* Mieux vaut attendre avant de parler à votre entourage de votre désir d'enfant. Vous vous épargnerez le sentiment d'avoir des comptes à rendre tous les mois. Si au-delà de 6/8 mois rien ne bouge, il sera toujours temps de demander des conseils plus sérieux.

Je suis enceinte !!!!!
Et maintenant, je fais quoi ?!

Bravo pour la grande nouvelle!!!! Vous pensiez avoir fait le plus dur... Que nenni! Maintenant, au boulot!

Chéri et vous avez bien bossé, ça y est! Vous avez fait un premier test urinaire, positif!!! Que vous avez aussitôt confirmé avec deux autres tests urinaires. Vous êtes enceinte.

Pour info, un test urinaire peut parfois être un faux négatif parce qu'il est réalisé trop tôt, mais s'il est positif, il n'y a pas de doute possible, vous êtes enceinte. La barre n'apparaît pas si vous n'avez pas d'hormone de grossesse dans le sang, et comme son nom l'indique, cette hormone n'est produite que pendant la grossesse. Attention, la sensibilité des tests varie en fonction des marques. Commencez donc par bien lire la notice et, de manière générale, attendez d'avoir constaté un (vrai) retard de règles avant de le faire.

Vous êtes encore sous le choc, vous flottez sur un petit nuage, c'est formidable… Eh bien, il va falloir vous ressaisir très vite parce que les premières semaines de la grossesse sont bien remplies.

Les premières démarches et l'inscription à la maternité

Une fois votre test effectué à la maison, prenez rendez-vous au plus tôt avec votre gynécologue pour un premier examen de contrôle : il vous prescrira alors une prise de sang, obligatoire pour attester de votre état, qui permettra en plus de dater à peu près la conception grâce à la concentration d'hormones de grossesse. Si attendre 15 jours pour votre prise de sang vous semble interminable, ou que votre gynéco est en vacances, sachez que vous pouvez vous rendre dans n'importe quel labo et demander à faire le test : sans ordonnance, vous ne serez pas remboursée par la Sécu, mais au moins, vous saurez !

N'oubliez pas, après ce premier rendez-vous, de déclarer votre grossesse à la Sécurité sociale et à la CAF pour qu'elle soit prise en charge. Vous aurez pour cela besoin d'un certificat de grossesse, à demander à votre gynécologue le plus tôt possible. Détail bête : envoyez des photocopies et conservez l'original, vous en aurez besoin tout au long de votre grossesse.

Ensuite, il vous faut vous inscrire à la maternité. TOUT DE SUITE. Comment ça, vous n'avez pas encore regardé dans quelle maternité vous voulez accoucher ? Mesdames, soyons claires, avant même d'arrêter votre contraception, vous devez avoir fait une étude comparée approfondie des différentes possibilités qui s'offrent à vous pour mettre votre enfant au monde, car les places sont chères dans les maternités réputées, surtout dans les grandes villes. Et il faut s'inscrire TOUT DE SUITE si vous souhaitez accoucher ailleurs qu'à l'hôpital public le plus proche de votre domicile. Mais genre tout-de-suite-tout-de-suite, dès la troisième semaine de grossesse si vous pouvez, avant la cinquième de toute façon. Oui, je sais, c'est absurde, vos parents ne sont même pas au courant, et pourtant chaque jour compte dans la course à la bonne maternité.

Et je la choisis comment, ma maternité ?

Pour accoucher, deux options s'offrent à vous. La première : accoucher à l'hôpital. Les avantages sont nombreux : obligation pour l'établissement d'accepter le suivi de votre grossesse si vous êtes sectorisée dans celui-ci, proximité donc avec votre domicile, maternité intégrée dans une infrastructure rassurante en cas de pépin le jour J, gratuité des soins… Les inconvénients sont plus subjectifs, mais chacune arbitre selon ses priorités : certains hôpitaux sont vieillots, le personnel est parfois en quantité insuffisante et donc peu disponible, le matériel n'est pas toujours de première jeunesse, la nursery débordée (donc difficile de laisser Babychou après la naissance pour vous reposer), ambiance d'usine et sortie rapide (en moyenne, 3 jours après l'accouchement si tout va bien). Si l'hôpital au coin de la rue ne vous inspire pas, vous pouvez tenter de vous inscrire dans un autre établissement public. Mais alors, attention :

rien ne les oblige à accepter votre dossier. Les futures mamans sectorisées chez eux ont la priorité ; il faut donc les appeler aussitôt que votre test urinaire est positif. Non, n'attendez pas le rendez-vous chez votre gynéco trois semaines plus tard pour appeler la maternité, ce sera trop tard. Et, non, les infirmières ne vous riront pas au nez si vous appelez enceinte de 3 ou 4 semaines.

Votre deuxième option : accoucher dans une maternité privée. Les avantages sont surtout liés au confort : locaux souvent plus modernes, davantage de chambres individuelles, personnel aux petits soins, médecin attitré, méthodes plus « in », séjour de 4 à 5 jours pour une première naissance, nursery pour accueillir Babychou et vous permettre de récupérer. Les hic : toutes les cliniques ne sont pas équipées de blocs opératoires permettant de gérer un accouchement difficile ou la réanimation d'un nouveau-né, et en cas de problème, vous pourriez être transférée à la dernière minute vers l'hôpital le plus proche, que vous n'aurez pas choisi. Certaines cliniques n'ont même pas de pédiatre « à domicile », et en font venir un en cas de pépin : pas très rassurant pour une future mère déjà bien angoissée ! Posez donc la question avant de faire votre choix. Sans oublier que votre portefeuille va en prendre un sale coup : accoucher dans le privé coûte la peau des fesses (sans mauvais jeu de mots). Sans oublier que les cliniques cotées ont le même problème de places que les hôpitaux publics : là aussi, il faut vous inscrire dès 3 à 5 semaines de grossesse.

Pour vous aider, les points essentiels dans le choix de votre maternité sont les suivants :

Les équipements dont dispose la maternité en cas d'accouchement prématuré ou difficile. Y a-t-il un bloc opératoire ? Un bon service de néonatalogie ? Babychou arrivera certainement à l'heure et en pleine forme, mais mieux vaut prévenir que guérir !

La proximité de l'établissement : votre suivi médical pendant la grossesse implique de nombreux rendez-vous ; il est préférable de ne pas avoir trop de transport pour vous y rendre. Sans parler de la nécessité d'arriver vite le jour J !

La disponibilité du personnel pour vous conseiller pendant votre grossesse, vous entourer pour l'accouchement et les premiers jours de votre bébé. Le personnel sera *a priori* plus disponible dans un établissement de taille moyenne où l'on pratique autour de 1 000 accouchements par an. On peut également penser que le personnel sera moins disponible dans une maternité où le taux d'occupation est important et la durée de séjour courte.

L'équipe qui vous accouchera : si vous souhaitez connaître à l'avance le médecin et la sage-femme qui s'occuperont de vous le jour de votre accouchement, vous opterez pour une clinique privée. L'hôpital garantit une prise en charge vingt-quatre heures sur vingt-quatre pour votre accouchement, mais c'est la sage-femme et le médecin de garde qui vous assisteront dans votre délivrance. Lors d'un accouchement à l'hôpital, si votre travail dure de longues heures (la moyenne pour un premier enfant est de 12 heures), vous risquez également de subir le changement d'équipe jour/nuit, souvent perturbant si vous avez créé des liens de confiance avec l'équipe qui vous a accueillie.

Le type d'accueil : renseignez-vous sur le nombre de chambres individuelles et doubles. Avoir une chambre seule est un énorme plus pour profiter tranquillement des premiers contacts avec votre enfant et vous reposer de l'accouchement avant de rentrer chez vous. Voyez également si les horaires de visite vous conviennent, et si Chéri pourra rester dormir avec vous s'il le souhaite.

Le taux d'épisiotomie et les méthodes pratiquées : chaque maternité a ses méthodes de prédilection, la plupart se basant sur la position d'accouchement classique « allongée-sur-une-table-pieds-dans-les-étriers ». Demandez avant de vous inscrire à quelles méthodes sont formées les sages-femmes de l'établissement, et si vous pouvez accoucher d'une autre façon si vous le souhaitez. Demandez également quel est le pourcentage d'épisiotomies pour un premier enfant. L'épisiotomie, incision du périnée, est censée faciliter le passage de la tête du bébé tout en évitant une déchirure de la peau. La France est l'un des pays au monde où cette incision se pratique le plus, alors qu'elle n'est pas toujours nécessaire[1]. De plus en plus de médecins préfèrent s'en passer et accompagner différemment le passage du bébé, pour éviter des suites d'accouchement douloureuses et compliquées pour les jeunes mères. Afin

---

1. « L'épisiotomie. Recommandations pour la pratique clinique » élaborées par le Collège national des gynécologues et obstétriciens français, publiées en février 2006 dans le *Journal de gynécologie obstétrique et biologie de la reproduction*.

de savoir quelle est la politique de l'établissement qui vous intéresse, posez la question : si vous pouvez éviter une épisiotomie le jour de votre accouchement, vous en serez ravie.

Votre gynécologue peut vous renseigner sur les « bonnes » maternités près de chez vous. S'il est également obstétricien, et que vous souhaitez que ce soit lui qui vous accouche, renseignez-vous sur la clinique ou l'hôpital dans lequel il exerce, afin de vous assurer que leurs méthodes vous conviennent.

À défaut de recommandations de votre médecin, vous pouvez faire une première recherche sur Internet pour éplucher les classements des meilleures maternités dans votre département. Puis pour affiner et choisir VOTRE maternité, la meilleure source d'informations reste le bouche à oreille. Je vous accorde que c'est difficile à faire discrètement, mais à la guerre comme à la guerre. Sautez sur toutes les occasions : quand quelqu'un mentionne une naissance dans votre entourage, demandez où, comment ça s'est passé, la maman a-t-elle été satisfaite de l'accueil, du suivi de sa grossesse, de son accouchement, des conseils donnés par les puéricultrices ?

Et sinon, ça coûte combien d'accoucher ?

Si l'arbitrage entre la sécurité de l'hôpital et le confort de la clinique, ou le choix d'une méthode d'accouchement particulière, dépend des envies et besoins de chacune, un autre critère pèse lourd dans la balance : le prix !

Voici un petit récapitulatif pour se faire une idée du coût du suivi d'une grossesse à l'hôpital et à la clinique.

Sachez que notre chère Sécu prend en charge tous les actes liés à votre grossesse à hauteur de 70 % du tarif de base. À partir du sixième mois et jusqu'à l'accouchement, à 100 %. Chic. Si vous êtes suivie par un gynéco adepte des dépassements d'honoraires ou non conventionnés, votre mutuelle règle parfois tout ou partie de la différence. Jetez donc un œil à votre contrat pour savoir comment vous êtes remboursée pendant la grossesse.

Pour vous y retrouver, voici un petit comparatif entre le coût d'une grossesse « économique » avec accouchement à l'hôpital, et celui d'une grossesse « première classe » avec accouchement à la clinique.

Option économique :
- Choisissez un gynéco conventionné (28 €) pour vos premiers rendez-vous mensuels de contrôle, avant la prise en charge par la maternité. Selon les hôpitaux, vous ferez vos rendez-vous de suivi à la maternité à partir du cinquième ou sixième mois. Un médecin de l'hôpital assurera le suivi de votre grossesse, mais s'il n'est pas de garde le jour de votre accouchement, c'est un autre qui s'occupera de vous.
- Faites vos deux premières échographies dans un cabinet conventionné (33 € pour la première et 71 € pour la seconde). La troisième est faite à l'hôpital, vous n'aurez rien à avancer.
- Optez pour la préparation à l'accouchement proposée par l'hôpital, ou auprès d'une sage-femme pratiquant le tarif conventionné (19 €).

- Préférez la chambre double à la chambre individuelle (entre 50 et 70 € de forfait journalier), et évitez de téléphoner et de regarder la télé (de toute façon, vous n'aurez le temps ni de l'un ni de l'autre avec Babychou dans les bras…).
- Faites examiner Babychou par un pédiatre de l'hôpital avant sa sortie (0 €).

PRIX DU BILLET DESTINATION NAISSANCE : 0 € ou presque grâce à votre copine la Carte vitale, si vous restez dans les tarifs conventionnés.

Option première classe :

- 9 visites de contrôle chez un gynéco-obstétricien (celui de la clinique ou le vôtre) pratiquant les dépassements d'honoraires (60 € la consultation, soit 540 €).
- 3 échographies dans un cabinet privé (100 € l'une, soit 300 € au final). Et encore, c'est un minimum : si le suivi de votre grossesse nécessite des échos supplémentaires, ce sera à ajouter à l'addition.
- 6 cours de préparation à la naissance en cabinet privé et méthode particulière (70 € par cours, soit 420 €).
- Réservation d'une chambre particulière dans une maternité privée (environ 400 € la nuit + le forfait d'entrée autour de 180 €, soit 1 780 € pour un séjour de 4 jours).
- Frais d'accouchement : environ 450 € pour la salle d'accouchement + forfait médecin et sage-femme pour un accouchement simple 209 € + anesthésie

145 € + péridurale 84 € (et ce sont des prix planchers…). Cela nous fait un package moyen pour le jour de l'accouchement autour de 888 €.
- Examen de Babychou par un pédiatre avant sa sortie : 60 €.

PRIX DU BILLET DESTINATION NAISSANCE : entre 3 000 et 4 000 €[1].

Bien sûr, il s'agit de tarifs *moyens*, qui peuvent varier d'un établissement à l'autre. Chaque couple a son budget et ses envies, mais un tel écart laisse songeuse quand on pense aux vacances de rêve ou à la thalasso que vous pourriez vous offrir après la naissance avec un tel budget !

Ça fait beaucoup de chiffres, mais, pour résumer, la clinique, c'est cher, même si la Sécu prend en charge un petit pourcentage de ces (nombreux) frais. Beaucoup de mutuelles offrent une prime de naissance substantielle aux jeunes mamans : renseignez-vous auprès de la vôtre avant de faire votre choix, vous aurez peut-être une bonne surprise.

C'est bon, là, je peux commencer à bouquiner mon livre de prénoms tranquille ?

Non, pas encore tout à fait. Une fois que vous serez inscrite à la maternité, demandez à votre gynécologue

---

1. *Source :* www.lemoneymag.fr

de vous recommander plusieurs échographistes. Vous ferez au moins vos deux premières échographies dans un cabinet privé. Les échographies sont des rendez-vous extrêmement importants dans votre grossesse : l'échographiste n'est pas là (que) pour vous montrer le profil déjà adorable de Babychou, il vérifie également que tout va bien là-dedans, que les organes sont à la bonne place et fonctionnent normalement, afin de déceler d'éventuels problèmes pendant la grossesse ou à la naissance. Donc… vous ne choisirez pas votre échographiste dans les pages jaunes !

Enfin, pour finir avec vos nouveaux meilleurs amis les médecins, profitez de votre début de grossesse pour prendre rendez-vous chez le dentiste et faire (enfin) ce check-up que vous repoussiez depuis 2 ans. Quel est le rapport avec Babychou ? Eh bien, nos copines les hormones (vous allez apprendre à bien les connaître) fragilisent les dents et les gencives. Les gingivites sont plus fréquentes, entraînant douleurs, saignements voire, catastrophe, des déchaussements de dents ! Dans le temps, on disait : « Une grossesse, une dent ! » Alors, pour éviter de vous la jouer pirate des Caraïbes sur vos photos à la maternité, optez pour la prévention en vous offrant une revue complète de vos quenottes. Cela permettra de dépister les petits problèmes qui pourraient être aggravés par la grossesse.

D'autant plus que la quasi-totalité des médicaments antidouleur (et de tous les médicaments d'ailleurs), que vous consommiez sans y penser avant la grossesse, vous sont désormais interdits. Ne prenez *rien*, pas même une vitamine C, sans avoir vérifié trois fois la notice et demandé l'avis de votre médecin.

Dernière démarche à accomplir : si vous n'êtes pas mariée avec Chéri, mieux vaut qu'il aille effectuer une reconnaissance de paternité anticipée à la mairie. Eh oui, pour les couples mariés, Monsieur est d'office considéré comme le père de votre enfant, vous n'avez aucune démarche à faire avant la naissance. Mais si vous n'êtes pas mariés, il est préférable qu'il reconnaisse l'enfant à naître au plus tôt : il doit pour cela se rendre à la mairie de votre domicile avec votre certificat de grossesse et une pièce d'identité.

Voilà… Vous pouvez recommencer à respirer. Sympa comme programme, hein??! Petite idée pour vous remonter le moral que je sens dans vos chaussettes après toutes ces recommandations militaires : chaque jour de grossesse apporte son lot de questions, c'est tout naturel. La meilleure personne à qui les poser reste votre médecin. Notez au fil des jours toutes vos angoisses et questions : ainsi, vous n'en oublierez aucune lors de votre prochain rendez-vous. Et cela vous fera de merveilleux souvenirs après votre accouchement !

En bref...

✷ Prenez un maximum de renseignements sur les maternités près de chez vous avant de tomber enceinte, afin de vous inscrire aussitôt que la nouvelle est confirmée, et au plus tard à 5 semaines de grossesse.

✷ Les questions à se poser pour choisir sa maternité : Équipements ? Statistiques ? Ratio de chambres individuelles ? Méthodes d'accouchement pratiquées ? Pourcentage d'épisiotomies ?

✷ Si vous accouchez à l'hôpital, vous n'aurez rien à débourser, hormis le supplément chambre individuelle si vous choisissez cette option. Si vous accouchez à la clinique, renseignez-vous auprès de votre mutuelle sur la prise en charge des dépassements d'honoraires et des frais d'hospitalisation.

Mais de combien je suis enceinte, en fait ?!

Parce que compter jusqu'à 9 n'est pas aussi évident qu'on pourrait le croire !

Vous allez passer 9 mois à compter et recompter les semaines qui vous séparent de la rencontre tant attendue avec Babychou. Mais ce calcul n'est pas aussi simple qu'il en a l'air ! Il existe plusieurs manières de formuler votre temps de grossesse, et même de calculer où vous en êtes : pas évident de s'y retrouver ! « *Je suis enceinte depuis 5 mois, je suis dans mon 5e ou 6e mois de grossesse ? Pourquoi est-ce que mon gynéco me dit que j'en suis à 12 semaines alors que moi je compte 9 semaines et demie depuis la supposée conception ?* » Petit lexique pour vous y retrouver… et ne pas vous planter en prenant vos rendez-vous d'échographie ! Parenthèse importante : respectez à la lettre les fourchettes de dates données par votre médecin pour les échographies, c'est super important pour suivre le développement de Babychou correctement.

Quand 1 + 1 = 9, mais pas vraiment 9 !...

Vous le savez, une grossesse dure 9 mois. Ou 9 lunes, selon la région du monde où l'on vit. Vous, bêtement, vous pensez qu'il suffit de calculer : date de conception supposée (vous vous en souvenez bien, des galipettes de ce soir-là !) + 9 mois = date d'accouchement prévue. Mais en fait… pourquoi faire simple quand on peut faire compliqué ?

Lors de votre premier rendez-vous avec votre gynécologue pour confirmer votre grossesse, vous découvrirez un terme nouveau à la sonorité barbare : aménorrhée. Améquoi ?

Aménorrhée, cela veut dire absence de règles : le corps médical, durant toute votre grossesse, parlera de votre temps de gestation en semaines d'aménorrhée, c'est-à-dire en nombre de semaines depuis le début de vos dernières règles. La date de conception est supposée tomber 14 jours après le début de vos dernières règles : pour compter vos semaines de grossesse, vous devez donc compter 2 semaines de moins que vos semaines d'aménorrhée.

Je résume : quand votre gynécologue vous dit que vous êtes à 12 semaines d'aménorrhée (SA), cela signifie que vos dernières règles ont débuté il y a 12 semaines, et que vous en êtes à 10 semaines de grossesse (SG)… Ça va au fond de la classe ? Vous suivez ?

Ce beau système (sans doute inventé par un homme) n'est que théorique, puisque la nature est imprévisible, et que de nombreuses femmes ont des cycles irréguliers qui ne cadrent pas avec ce calcul. Elles ont donc pendant toute leur grossesse un décalage entre leurs SA et la réalité, car si autrefois il était impossible de savoir quel était l'écart avec la réalité, les échographies permettent aujourd'hui de dater à 3 jours près la conception. Et parfois, ça ne colle pas avec la date indiquée par le calcul en semaines d'aménorrhée. Pourtant, jusqu'au jour de votre accouchement, le personnel médical va se baser sur ce calcul de l'aménorrhée pour suivre le développement de Babychou et calculer votre date de terme. Ne vous fatiguez pas à leur expliquer que non, cette date-là n'est pas possible, parce que Chéri était en déplacement et vous en train de vous soûler à l'enterrement de vie de jeune fille d'une copine : le bon sens près de chez vous n'a pas de place dans ces savants calculs médicaux.

9 mois, ça fait combien de semaines ?

Ensuite se pose la question de l'avancée de la grossesse. Le commun des mortels compte en mois, alors que les médecins ne comptent qu'en semaines d'aménorrhée, ou en semaines de grossesse. Petite correspondance pour s'y retrouver : un mois de grossesse pour vous = 6 semaines d'aménorrhée pour votre médecin. Sachant que les semaines d'aménorrhée ne correspondent pas toujours à la date de conception, que les semaines de grossesse réelles (calculées grâce à la première échographie de datation), et que les mois… eh bien, vous aurez rapidement mal à la tête si vous essayez de réconcilier tous ces chiffres pour calculer un seul terme théorique !

Deux solutions : ou vous êtes une fada de la précision et vous vous munissez d'une calculatrice pour chacun de vos rendez-vous médicaux. Ou alors vous simplifiez, et vous vous en tenez aux SA et SG avec votre médecin, qui ne correspondent pas forcément à l'âge réel du fœtus qui grandit en vous. Mais pour 2 ou 3 jours, on ne va pas chipoter, pas vrai ?

Reste la question du mois de grossesse dans lequel vous êtes. Normalement, quand on dit que vous êtes dans votre cinquième mois, cela signifie que vous avez passé les 4 mois de grossesse et que vous vous dirigez vers les 5 mois. Une fois que vous serez à 5 mois révolus, vous serez dans votre sixième mois de grossesse. Cela semble évident une fois que l'on a compris le principe, puisque l'on part de zéro pour le premier mois de grossesse. Mais cela reste obscur pour beaucoup de gens, et même les spécialistes se prennent les pieds dans le tapis, comme vous le verrez dans certains ouvrages d'informations sur la grossesse. Et pourtant, cette notion est importante pour certaines démarches administratives, comme l'inscription à la crèche.

Enfin, vous verrez qu'au fil de votre grossesse, votre façon de compter va changer. Vous parlerez en semaine jusqu'à 2 mois et demi, puis après la première échographie vous vous autoriserez à parler en mois. En gardant les demis, quand même, comme lorsqu'on est enfant :

chaque semaine qui passe a tellement d'importance pour la femme enceinte! À compter du septième mois de grossesse, vous démarrerez inconsciemment un compte à rebours mental en partant de votre terme, et donnerez plus facilement le temps qui vous reste à tenir jusqu'à votre date prévue d'accouchement.

En résumé, j'accouche quand?

Les chiffres à retenir sont les suivants : une grossesse dure en moyenne 41 semaines d'aménorrhée, la durée réelle d'une grossesse est donc de 39 semaines, soit environ 9 mois au calendrier. Petite précision : la durée moyenne des grossesses varie avec l'origine ethnique.

Vous pouvez maintenant vous amuser à calculer votre DPA, date prévue d'accouchement. À vos stylos, notez l'énoncé du problème.

Sachant que pour estimer la date prévue de l'accouchement, il suffit d'enlever 3 mois au premier jour des dernières règles et d'y ajouter 7 jours.
Quelle est votre DPA si vos dernières règles ont commencé, par exemple, le 1ᵉʳ juillet?
Réponse : aux alentours du 8 avril.

Vous avez trouvé la bonne date, bravo! Mais sachez que cette réponse doit être modérée par notre amie la réalité, car si environ 60 % des femmes accouchent à la date prévue à quelques jours près, 20 % accouchent 10 à

15 jours avant la date prévue, et 20 % 4 à 8 jours après la date prévue. C'est-à-dire que le terme réel d'une grossesse normale s'étend sur une période de 5 semaines, et pas sur un jour précis : on parle alors de terme « physiologique » (soit quand Babychou estime qu'il est prêt à sortir), qui se situe entre 37 et 41 semaines d'aménorrhée.

Au final, vous accoucherez quand vous accoucherez et puis c'est tout.

En bref...

✳ Le corps médical calcule votre temps de grossesse en semaines d'aménorrhée (SA)[1].

✳ Pour calculer votre DPA et savoir, facilement et à tout moment, où vous en êtes dans votre grossesse, procurez-vous la petite roue qu'ont tous les gynécologues, qui permet en un coup d'œil de connaître vos SA, vos SG et votre DPA sans attraper la migraine !

✳ Attention, pour les démarches administratives, à ne pas confondre le mois en cours de votre grossesse et le mois révolu : vous êtes dans votre sixième mois si vous êtes à plus de 5 mois de grossesse. C'est important pour les démarches d'inscription à la crèche, par exemple !

---

1. Une grossesse moyenne menée à terme dure 41 semaines d'aménorrhée (SA), soit 39 semaines de grossesse (SG).

De la difficulté de garder le secret !

La tradition recommande que l'on attende 3 mois de grossesse révolus avant d'annoncer la nouvelle à son entourage... Je vous souhaite bien du courage !

Depuis votre test de grossesse, vous êtes dans les starting-blocks, vous avez l'impression que votre vie a déjà changé, que vous êtes transfigurée par votre état… et vous ne pouvez rien dire à personne pendant encore 2 longs mois.

Pourquoi attendre pour en parler ?

Les fausses couches de début de grossesse concernent environ 15 % des grossesses déclarées. Ce chiffre est à moduler en fonction de l'âge et de l'état de santé de la future mère. La plupart du temps, ces fausses couches surviennent en tout début de grossesse, avant même que la femme ne sache qu'elle est enceinte, et dans la majorité des cas, l'œuf est éliminé car il comporte des anomalies génétiques graves. Environ 98 % des fausses couches ont lieu au cours des 13 premières semaines de grossesse (15 SA), c'est-à-dire au premier trimestre. Il arrive qu'une femme fasse une fausse couche plus tard, mais ces accidents restent rares.

Même si ce pourcentage n'est pas très élevé, la crainte de faire une fausse couche habite toute femme enceinte, et les 3 mois de grossesse apparaissent comme une ligne de démarcation cruciale avant de s'autoriser à se réjouir sereinement de l'arrivée de Babychou.

Entre 14 et 17 semaines d'aménorrhée, votre médecin vous proposera de faire un test de dépistage de la trisomie 21. C'est une prise de sang pour doser trois hormones d'origine placentaire : le résultat, qui prend en compte différents paramètres en plus du dosage sanguin, permet d'estimer le risque de porter un enfant atteint de trisomie 21. Ce test n'est pas obligatoire et n'apporte pas de réponse certaine. Si votre résultat est supérieur à un risque de 1/250, votre médecin vous proposera alors une amniocentèse, prélèvement du liquide amniotique, pour voir comment évoluent les chromosomes du bébé. Les résultats mettent environ 3 semaines à arriver. Très long quand on a des inquiétudes : si vous êtes concernée par une éventuelle amniocentèse, laissez-vous guider par votre médecin sur les pour et les contre de cette procédure. Et sachez qu'aucun de ces deux examens n'est obligatoire, c'est à vous et Chéri de juger jusqu'où vous voulez aller.

Certaines choisissent de partager très tôt avec leurs proches la grande nouvelle, trop belle pour être gardée secrète : elles élargissent ensuite après la première échographie, celles des 12 semaines d'aménorrhée. Mais beaucoup essaient de garder le secret le plus longtemps possible : dans les deux cas, bon courage pour masquer votre état! Même si certains intimes sont au courant, c'est très difficile de porter cet énorme secret qui vous rend si heureuse que vous avez envie de le chanter à tous ceux que vous croisez dans la rue!

Je me sens si chamboulée, ça doit se voir, quand même!

Les petits maux du début de grossesse, nausée, fatigue, somnolence, pipi toutes les cinq minutes, seins gonflés (cf. « Ces petits maux glamour des premiers mois... et des suivants », p. 63-81), sont des indices difficiles à cacher à un œil averti : votre mère ne manquera pas de vous griller si vous ne lui en avez pas parlé au bout de 15 jours, et vos copines de gym remarqueront forcément vos seins boudinés dans votre brassière de sport! N'hésitez pas à abuser des T-shirts informes pendant quelque temps pour masquer votre poitrine : c'est souvent le premier indice qui vous trahira…

Les nausées sont les plus difficiles à gérer, car elles surviennent n'importe quand (et pas que le matin, contrairement à ce que dit la légende). En fonction de leur intensité, elles peuvent devenir franchement handicapantes. Imaginez-vous une gastro qui dure 3 mois, et cela vous donnera une petite idée de ce que certaines futures mères supportent vaillamment (pas toutes, je vous rassure).

Votre vie sociale sera difficile à assumer ces premières semaines : vous serez sans doute fatiguée, et n'aurez aucune raison valable pour l'expliquer. Insomnie, rhume qui traîne, boulot stressant : soyez créative dans vos excuses pour éluder les questions dangereuses ! Autre difficulté : impossible de refuser du vin à un dîner sans éveiller les soupçons si vous en êtes amatrice en temps normal… Il faudra tout le soutien de Chéri ou de votre meilleure amie pour vider votre verre en douce. Sans parler des aliments à éviter pendant la grossesse : bon courage pour expliquer à Caro que vous vous êtes soudain découvert une allergie foudroyante aux sushis, votre plat préféré jusqu'ici… Si vous pouvez vous épargner trop de sorties les premières semaines, c'est tout bénéf pour vous, vous en profiterez pour vous coucher avec les poules, et vous vous rattraperez à partir du quatrième mois, une fois que votre grossesse sera officielle.

La vie au boulot est aussi assez éprouvante par temps de secret. C'est sans doute le dernier endroit où vous avez envie d'annoncer votre grossesse pour l'instant, mais il va vous falloir la jouer fine pour dérouter les limiers qui vous entourent. Vous avez la tête ailleurs, et cela se voit ! Sans parler des accès de somnolence en réunion… Bref, que d'efforts pour rester discrète ! Sachez que vous n'avez pas d'obligation légale de déclarer votre grossesse à votre employeur : le bon timing pour rester en bons termes avec lui est de le lui annoncer officiellement dans votre quatrième mois, cela lui laisse le temps de se retourner. Et vous évite de vous cacher plus longtemps dans des tops taille XXL !

Autre écueil à contourner : que répondre le jour où l'on vous demande « *bah t'es enceinte ou quoi ?* ». Difficile de prévoir comment vous réagirez. Mentir alors que l'on parle de la chair de sa chair, du fruit de ses espoirs (et de ses efforts sexuels)? Ne rien répondre et laisser se répandre la rumeur? Ou acquiescer en pouffant nerveusement parce que vous ne pouvez pas vous en empêcher, vous êtes tellement heureuse! Peu importe la réaction, finalement, l'important est de vous préparer à être démasquée au moment où vous vous y attendrez le moins. « *Oh, mais tu as les seins qui ont grossi, c'est dingue! Tu es enceinte?* » ou « *C'est la troisième fois que tu vas aux toilettes en une heure? Tu es enceinte?* » ou « *Encore un vertige? Tu es enceinte?* » Bref, ne vous faites pas d'illusion, les autres sont perspicaces…

Et paradoxalement, si vous faites tout votre possible pour cacher votre grossesse à votre entourage, la femme nouvellement enceinte aimerait bien qu'on lui témoigne un peu plus d'égards. Bien que vous ayez l'impression que votre ventre se voit déjà (ce qui n'est pas le cas avant 4 mois de grossesse en général), le public non averti ne remarque pas votre état, et votre fatigue est d'autant plus difficile à gérer que vous ne pouvez pas vous en plaindre sans risquer de révéler votre secret. Vous vous surprendrez à marcher dans la rue en protégeant votre ventre, car les passants n'ont aucun respect pour la femme-enceinte-mais-sans-ventre-encore que vous êtes.

Toute cette dissimulation est assez éprouvante et, quand arrivera enfin le moment où vous pourrez annoncer sans crainte votre grossesse, vous aurez l'impression d'être enceinte depuis 6 mois tellement ces premières semaines auront été intenses en émotions!

Après la première écho, la libération !

La première écho, qui se fait autour de 2 mois et demi de grossesse, est souvent le cap que les futurs parents attendent de franchir pour annoncer la grande nouvelle. Cet examen permet de vérifier la vitalité de l'embryon, son bon développement : si tout va bien à ce moment-là, vous pouvez vous détendre.

Annoncer la nouvelle à votre entourage est un moment de très grande joie pour tous ceux qui vous aiment, et en même temps, c'est assez ambigu. Vous verrez passer dans le regard de vos parents de la fierté, de l'amour mais aussi une espèce de sidération de se faire mettre ce monumental coup de pied aux fesses vers le troisième âge par leur progéniture, surtout si vous êtes la première ou la dernière de la fratrie. Et dans les yeux de vos amis, vous lirez du bonheur bien sûr, mais aussi un nouveau statut pour vous : vous allez devenir « maman », et donc moins accessible pour eux, moins disponible pour les loisirs communs, préoccupée par des problèmes de pédiatre et de couches. Ceux qui sont déjà parents savent ce qui vous attend, et ceux qui n'ont pas encore franchi le cap vous rangent d'emblée dans la catégorie des « mères », vous êtes finie pour le marché de la fête et de la totale impro.

Un truc auquel on ne s'attend pas, c'est le côté « mafia » de la grossesse. Quand vous annoncerez votre grossesse à d'autres futures mères ou d'autres mères, vous lirez dans leurs yeux un éclair de connivence immédiate : ça y est, vous en êtes… Elles, elles savent ce qui vous attend, elles connaissent votre parcours d'initiation vers l'accouchement, et comme dans la vraie mafia, elles pratiquent l'omerta, la loi du silence ! Elles vous distilleront des informations soigneusement choisies sur les « *petits soucis* » rencontrés pendant leur grossesse, vous expliqueront que « *c'est incroyable, tu oublies tout quand tu as ton bébé dans les bras* » (*mais oublier quoi ?!*, vous demandez-vous), bref, elles feront du tri dans l'information. Bah oui, si elles racontaient la vérité, plus personne ne voudrait porter d'enfant ! Ça vous fait flipper ? Mais non, je plaisante… Enfin, vous verrez bien !

Le plus important, c'est que vous êtes enceinte. Vous planez… et maintenant que ça se sait, vous voudriez que cela se voie !

En bref...

✶ Il est très (très !) difficile de garder le secret sur sa grossesse jusqu'aux 3 mois révolus. Vous serez peut-être heureuse de pouvoir vous appuyer sur quelques proches mis dans la confidence ; ils pourront vous aider à faire disparaître vos verres de vin dans les dîners en toute discrétion !

✶ Préparez des réponses pour toutes les questions que vos actions étranges pourront provoquer : soyez toujours prête !

Ces petits maux glamour des premiers mois... et des suivants !

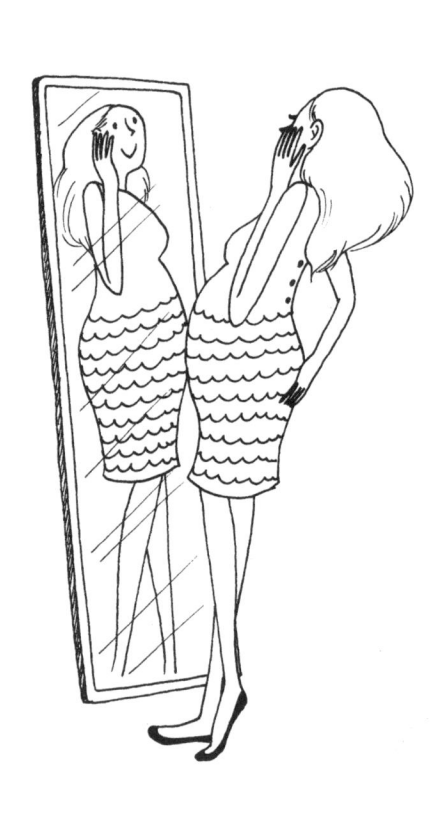

« Tu verras, le plus dur, c'est au début, après c'est formidable. » Vrai, mais il y a quelques petites choses à savoir tout de même, parce qu'une femme enceinte avertie en vaut dix.

Vous avez toujours entendu dire que les premiers mois sont les plus éprouvants pour la future mère, entre nausées, fatigue et inquiétude. Ça, c'est la version officielle. En réalité, la grossesse est un parcours jalonné de manifestations physiques plus ou moins agréables ! Petite revue de ces maux en tout genre, que, je vous rassure, vous n'aurez pas tous en même temps, voire pas tous, voire pas du tout si vous êtes une grosse veinarde.

Les stars de la grossesse !

Le truc dont on a toutes entendu parler, ce sont les fameuses nausées ! Vous serez presque contente de courir aux toilettes en vous réveillant le matin, car les nausées sont l'un des signes que votre corps continue à produire de la beta hcg, l'hormone de grossesse fabriquée en très grande quantité jusqu'à la 14e semaine d'aménorrhée, dont le taux diminue ensuite progressivement jusqu'à la fin. En début de grossesse, la quantité d'hormones produite chaque jour par le corps peut être comparée à l'ingestion d'une plaquette de pilules tous les matins au petit déj… Miam !

Vous aurez donc sans doute (peut-être) des nausées entraînant des séjours plus ou moins prolongés aux toilettes. Les nausées ne sont, hélas, pas que matinales, contrairement à ce que la mafia cherche à vous faire croire. En fait, elles sont exacerbées par la faim, ce qui explique les réveils difficiles après une nuit de jeûne. Pour ne pas commencer votre journée par un séjour au-dessus de la cuvette des WC, gardez un petit gâteau sur votre table de nuit que vous grignoterez au réveil, avant de vous lever. Seul hic : faim = nausées, donc manger = moins de nausées, donc vous serez tentée de manger tout le temps pour vous sentir mieux. Pas top pour votre tour de fesses, mais à la guerre comme à la guerre.

Autre star de la grossesse dont vous avez déjà entendu parler, même si ce n'est pas un privilège réservé aux futures mères : les vergetures ! Malgré l'élasticité formidable de notre peau, elle est mise à rude épreuve pendant 9 mois, et il est fréquent de voir apparaître des « fractures » de la peau, ces lignes blanches qui, hélas, restent une fois que l'on a dégonflé. Leur apparition dépend des natures de peau de chacune : soyez prévoyante, et tartinez-vous matin et soir, dès le début de votre grossesse, avec une bonne crème ou un lait à base d'amande douce. Cela atténuera aussi les démangeaisons et tiraillements de votre peau tendue comme un tambour : vous éviterez ainsi de vous contorsionner comme un grand singe en rut dans la queue du cinéma parce que, tout à coup, votre ventre vous grattouille de manière insupportable!

Pamela, sors de ce corps!

Votre poitrine va déclarer son indépendance pendant votre grossesse. Vous qui faisiez un petit 80B allez subitement hériter d'un coffrage de bimbo de trois ou quatre tailles au-dessus. Souvent, la taille inhabituelle de votre poitrine est l'un des signes annonciateurs de la grossesse: c'est ce qui gonfle en premier, aussi vite qu'un airbag, les 3 premiers mois. Ensuite, vos seins adoptent une vitesse de croisière jusqu'à l'accouchement, mais continuent à grossir jusqu'au dernier jour. Chéri va être content, vous aussi, même si, hélas, vous savez que ce n'est qu'un prêt de Dame Nature. Et pourquoi une telle prise de volume? Parce que votre corps se prépare pour l'allaitement (lui, il s'en fiche de savoir si vous avez pris votre décision sur le sujet). Donc les glandes mammaires se développent pour être prêtes à se transformer en frigo vingt-quatre heures sur vingt-quatre après la naissance, ce qui entraîne un changement de taille… notable, et la dilatation des veines de votre décolleté. Une certaine Florence F. compare cela, dans un de ses sketchs, à un réseau autoroutier: c'est tout à fait ça! Et aussi joli qu'un échangeur un soir de retour de vacances scolaires…

Une telle augmentation ne se fait pas sans douleur, et vous aurez mal aux seins, mais du genre vraiment mal aux seins, surtout au début. Pour certaines, leur poitrine est si douloureuse qu'il leur est impossible pendant les 3 premiers mois de la grossesse de dormir sur le ventre, voire sur le côté. Le moindre effleurement est alors insupportable. Chéri risque de moins aimer quand vous lui expliquerez qu'il ne peut pas profiter tout de suite de ses nouveaux jouets !

Un truc dont personne ne parle jamais, sauf les jeunes mamans bourrées lors de leur première cuite postallaitement : les montées de lait précoces. Phénomène très rare, mais qui peut se produire à partir de 7 mois de grossesse. La poitrine se prépare pendant toute la grossesse à nourrir Babychou : les veines se dilatent, les canaux d'acheminement du lait se constituent… Tout doit être prêt pour le jour J, c'est-à-dire l'accouchement. Mais parfois, les poitrines les plus prévoyantes décident de faire une préchauffe, et de tester que le mécanisme fonctionne bien. Et là, c'est vraiment très embarrassant, car le temps que vous réalisiez ce qui se passe, eh bien, hum, bon…

Les petits bonheurs des débuts…

Vous serez plus sensible aux odeurs : prendre le métro en fin de journée sera un acte héroïque, et vous ne supporterez plus les effluves un peu forts, comme le camembert oublié au fond du frigo. Cette hypersensibilité peut s'étendre à des choses qui, jusqu'ici, sentaient bon, genre le parfum de Chéri ou la blanquette de votre mère. Ils comprendront, ne vous en faites pas.

D'autant plus que cette sensibilité aux odeurs a une interaction quasi immédiate avec les nausées évoquées plus haut… Une fois que vous aurez vomi sur les chaussures de Chéri, il aura compris que vous n'en rajoutez pas !

Certaines chanceuses ont une espèce de goût étrange dans la bouche en début de parcours, dont la description varie en fonction des femmes : goût métallique, mauvaise haleine, salive bizarre… qui peut même devenir gênant car il modifie le goût des aliments. Rien à faire, à part boire beaucoup, sucer des pastilles à la menthe et se brosser les dents souvent.

Les chutes de tension brutales accompagnées de vertiges sont fréquentes. Les femmes enceintes ont une tension assez basse, et sont plus sensibles aux variations de tension, ce qui entraîne des étourdissements, voire des malaises vagaux, bénins mais très désagréables. Attention en vous levant après être restée longtemps assise, évitez les mouvements brusques et l'agitation. Et pour éviter l'hypoglycémie qui guette la femme enceinte à chaque instant, ayez toujours quelque chose à grignoter dans votre sac à main. De préférence une pomme plutôt qu'un carré de chocolat, rapport au fait qu'un jour, vous ne serez plus enceinte… et que vous voudrez vous débarrasser de ce superflu !

Vous serez crevée, mais alors rincée, le soir, et parfois somnolente même en pleine journée, comme si l'on vous avait fait une piqûre de somnifère en douce juste avant de rentrer en réunion ou de partir pour un dîner entre amis. Plutôt que de pester contre cet état semi-comateux, profitez-en pour vous coucher tôt et engranger du repos en prévision de la fin de votre grossesse, où Babychou sera un hôte moins discret! Et si Chéri râle, encouragez-le à profiter de soirées foot chez ses potes, ça lui coupera le sifflet.

Très vite, vous aurez aussi envie de faire pipi toutes les 3 minutes. Eh non! cela n'arrive pas qu'en fin de grossesse, quand votre gros ventre appuie sur votre vessie: dès les premières semaines, les hormones vous donnent envie d'uriner beaucoup plus souvent. Ça se calmera en milieu de parcours; puis en fin de grossesse, c'est le poids de votre utérus qui vous expédiera aux toilettes toutes les 10 minutes pour évacuer trois gouttes. Chic. Buvez beaucoup (beaucoup) pour éviter les risques d'infection urinaire!

Les infections urinaires, ou cystites, sont également fréquentes chez la femme enceinte. Pourquoi?? Eh bien! c'est une bonne question, à poser à votre médecin que vous appellerez dès les premiers symptômes, car avec un Babychou dans le ventre juste au-dessus de la vessie, pas question de laisser des germes infectieux s'installer sans rien faire. Pas de chichis, vous êtes enceinte: vous pouvez appeler votre médecin pour tout et n'importe quoi, hors de question de prendre le moindre risque.

Pendant la grossesse, vous serez aussi constipée, particulièrement au début quand les décharges d'hormones sont les plus fortes. Elles ont, entre autres, pour effet de commander à votre utérus de ne pas se contracter pendant la durée de la grossesse. Le problème, c'est que les hormones tapent large, et que vos intestins aussi vont arrêter de se contracter. La constipation ne tarde pas à s'installer. Pour y remédier, commencez votre journée par un grand verre d'Hépar glacé suivi d'un kiwi (plein de vitamines B9 en plus, excellent pour le développement de l'embryon). La combinaison des deux envoie un coup de fouet aux intestins, qui se contractent, et assurent contraints et forcés un service minimum. Ainsi, vous diminuerez (un peu) les douleurs abdominales au réveil, et les ballonnements en fin de journée. Proscrivez les chewing-gums et limitez les boissons gazeuses, vos intestins vous diront merci.

Qui dit constipation dit aérophagie : ce petit ventre que vous voyez sortir le soir pendant les premiers mois ne correspond nullement à votre bébé qui commence à se faire une place, mais aux gaz accumulés dans votre intestin qui demandent à sortir. Classy.

La grossesse peut aussi rendre poilue, merci les hormones... Beaucoup de femmes voient apparaître une ligne de poils sombres (oui, même les blondes) qui va du pubis au nombril. Franchement, pas très glam... mais ce qui tombe bien, c'est que pour mettre en valeur votre silhouette de future mère sur la plage, vous préférerez le une-pièce chic au bikini qui déborde. Certaines voient aussi leurs sourcils s'épaissir et leur duvet sur le visage (et parfois les seins...) foncer : transformez le négatif en positif en profitant de cette vitalité pileuse pour aller vous faire dessiner la ligne des sourcils dans un salon de beauté, un petit plaisir pas cher... et au moins, l'esthéticienne aura de la matière! Et rassurez-vous, après la grossesse, tout rentre à peu près dans l'ordre. À peu près.

Autre vrai petit bonheur, la femme enceinte transpire davantage que la non enceinte. Eh oui, la progestérone fait monter la température du corps de quelques dixièmes de degré, et du coup, la femme enceinte a chaud. Qui dit chaud dit transpiration, le phénomène étant accentué par l'accumulation de la graisse et l'apparition des bourrelets en cours de route.

La prise de poids entraîne aussi, de façon inéluctable, l'apparition de cellulite! Le corps stocke dès les premières semaines des réserves au cas où une troisième guerre mondiale éclaterait pendant votre grossesse ou votre allaitement. Et qui dit graisses stockées dit cellulite. Partout, même sur les tibias! Avec laquelle il faudra lutter une fois votre descendance venue au monde, en sus des problèmes de couches et de nuits blanches. Mais ne vous inquiétez pas, vous aurez certainement des amies avisées qui au lieu d'un énième pyjama taille 3 mois pour Babychou, vous offriront une séance de soins en institut pour vous remettre sur pied et enclencher la désintox postgrossesse.

Pour celles qui accouchent aux beaux jours, vous pensiez pouvoir vous la couler douce pendant votre congé mat', et en profiter pour lézarder au soleil. Ne rêvez pas, rangez tout de suite ce paréo et ce maillot : enceinte, la peau est photosensibilisée par les hormones et, pour éviter l'apparition d'un disgracieux masque de grossesse, il faut absolument vous protéger avec un chapeau ET de la crème haute protection. Pour celles qui se demandent ce que c'est, il s'agit d'une grande tache plus ou moins foncée qui apparaît parfois sur le visage, comme un masque, sauf qu'elle ne s'enlève pas, et qu'une fois installée, elle reste jusqu'à la fin de la grossesse. Ah, vous voilà ravie d'avoir investi l'été dernier dans cette capeline en paille que vous pensiez importable! Non, en vrai, vous pouvez quand même sortir dans la rue et boire un jus d'orange en terrasse, voire vous aventurer sur la plage après 16 heures, à condition d'être tartinée à l'écran total. Sauf bien sûr si vous voulez jouer dans un remake de *Fantômette*.

Précision importante : le risque d'apparition du masque de grossesse perdure après l'accouchement, jusqu'au retour de couches (la réapparition de vos règles). Donc si vous accouchez en plein été, réjouissez-vous : vous allez pouvoir rester sous le parasol avec Babychou! Parce qu'un masque de grossesse postgrossesse... ce serait vraiment ballot!

Un autre petit inconfort auquel on ne s'attend pas, c'est que la femme enceinte chope tous, mais alors tous les virus qui traînent. Gastro, rhino, grippe... pas de jaloux, vous les aurez tous. Enceinte, on est une proie facile pour eux, et pas uniquement à cause de la fatigue. Babychou est, quand on y pense, une forme de « corps étranger » à l'intérieur de vous. Et pour le laisser s'installer tranquille, votre organisme abaisse au maximum votre niveau de défenses immunitaires. Vous devenez ainsi une terre d'accueil au top pour Babychou, mais aussi pour les microbes. Et là où ça se corse, c'est qu'enceinte, on ne peut quasiment pas se soigner, donc le moindre rhume dure trois semaines. La plupart des médicaments, même les plus anodins, que vous avaliez sans réfléchir avant votre grossesse vous sont interdits : comme on vous l'a déjà dit, surtout ne prenez rien (mais RIEN) sans avoir lu trois fois la notice et demandé conseil à votre médecin. Pour limiter les risques, lavez-vous les mains dix fois par jour et fuyez les gens malades qui veulent vous bécoter.

À partir du quatrième mois de grossesse, les nausées s'atténuent, voire disparaissent, et vous serez beaucoup moins fatiguée. Vous aurez même souvent une pêche d'enfer : enfin, votre ventre se voit, vous avez annoncé la grande nouvelle à tout le monde, et vous pouvez savourer tranquillement votre état. De 4 à 6 mois de grossesse, c'est en général le bonheur, vous êtes en pleine forme, bougez encore facilement, bref, vous êtes rayonnante !

Et petit bonus dont aucune des mafieuses n'aura jamais osé vous parler : enceinte, on est hot en permanence. C'est-à-dire, me direz-vous ? Eh bien vous grossirez de partout... ainsi que des organes génitaux ! Votre sexe sera mieux irrigué, grâce à une hypervascularisation de la zone, la rendant donc plus sensible aux stimulations. Hum, hum. En fonction des femmes, le simple frottement d'une couture de jean peut suffire à vous faire grimper aux rideaux... ou devenir carrément insupportable. Sans parler des œstrogènes, qui, lorsqu'ils sont au plafond, vous transforment en vamp assoiffée de sexe... ou en harpie hystérique de mauvais poil. Prévenez Chéri qu'il soit sur ses gardes !

Bon, mais pour le reste, cela se complique de nouveau à partir de 6 mois de grossesse. Vous avez pris déjà pas mal de kilos, votre organisme fonctionne au ralenti pour consacrer un maximum d'énergie au fœtus, et de nouveaux symptômes apparaissent.

... et les grands plaisirs de la suite !

Beaucoup de femmes enceintes se plaignent de douleurs au dos. C'est vrai qu'on se tient mal, très cambrée à cause du poids du ventre, et on cherche sans cesse une position stable, difficile à trouver vu notre silhouette. Pour imaginer la sensation que cela procure, vous pouvez suggérer à Chéri qui veut vous emmener en virée chez Ikea de s'attacher un pack de bouteilles d'eau à la ceinture et de marcher avec pendant une heure ou deux. En général, il comprend. Si vous avez mal au dos, parlez-en à votre médecin, qui vous prescrira des séances de kiné pour apprendre des exercices et des postures propres à vous soulager et à renforcer votre bas du dos. Cela vous permettra peut-être d'éviter l'apparition de sciatiques douloureuses. Il existe aussi des ceintures de grossesse, spécialement étudiées pour maintenir le ventre et soulager les lombaires : votre médecin peut vous la prescrire s'il le juge nécessaire, mais discutez-en avec lui avant, car il est important que vos abdos continuent à travailler pendant la grossesse, et la ceinture de soutien ne doit intervenir qu'en cas de vraie nécessité.

La grossesse donne souvent des hémorroïdes. Oui, vous avez bien lu, des hémorroïdes. Elles surviennent en général entre le sixième et le septième mois (donc entre 5 et 6 mois de grossesse, OK ?). Toutes les futures mères n'en souffrent pas : on considère qu'un tiers des femmes présente cette pathologie. Suspense, roulements de tambour, en ferez-vous partie ? Sachez que la constipation aggrave le risque d'apparition des hémorroïdes : faites votre maximum pour retarder leur éventuelle apparition, buvez des litres d'eau, mangez des kiwis, marchez pour stimuler votre circulation veineuse et votre transit. Et si, malgré tout, vous êtes touchée, ne souffrez pas en silence dans votre coin, parlez-en à votre médecin sans complexe ! Il existe des traitements compatibles avec la grossesse qui vous apporteront un peu de soulagement. Parce que ce serait bête en plus de vous coincer le dos en essayant de vous gratter le derrière. Bref.

Côté digestif, vous ressentirez peut-être des brûlures d'œsophage, dont l'intensité et la fréquence augmentent avec la taille de Babychou. Plus l'utérus grossit, et plus il comprime votre estomac, qui peine alors à fermer correctement : aigreurs et renvois acides sont monnaie courante en fin de grossesse, et peuvent devenir vraiment gênants. Il existe des traitements adaptés à la femme enceinte, si vous en souffrez, parlez-en aussi à votre médecin, il est là pour vous éviter ce genre de petits tracas.

Notre génération a été sensibilisée à la rééducation du périnée, pour ne pas porter des couches à 70 ans. On verra quand on y sera mais, en attendant, ce qu'on ne nous dit pas, c'est qu'en fin de grossesse aussi il arrive d'avoir des fuites ! Après 7 mois, gare aux fous rires et éternuements : votre vessie écrabouillée par votre utérus a la résistance d'un chamallow, et comme précisément vous n'avez pas encore entamé votre rééducation du périnée, vos muscles qui sont censés l'aider à bosser sont en vrac complet. Pas grand-chose à faire pour prévenir cela… En revanche, une fois enceinte, ne vous lancez pas seule dans un programme de musculation de votre périnée : vos muscles complètement distendus pourraient ne pas s'en remettre.

Les crampes sont fréquentes pendant la grossesse, surtout la nuit. Très désagréable d'être réveillée par une crampe fulgurante alors qu'on venait de réussir à s'endormir malgré la rumba de Babychou ! C'est un phénomène très classique : pour lutter contre ces crampes nocturnes, buvez beaucoup, si possible de l'eau d'Hépar, et demandez à votre médecin de vous prescrire des comprimés de magnésium. Vous pouvez aussi manger une à deux bananes par jour ; elles sont très riches en magnésium.

Les problèmes de circulation sont aussi monnaie courante. Une mauvaise circulation provoque des lourdeurs et des fourmis dans les jambes, des douleurs parfois gênantes pour trouver le sommeil, et impose de porter des chaussures plates et confortables. Pour en atténuer les effets, vous pouvez, le soir avant de vous coucher, vous passer un jet d'eau bien fraîche de bas en haut sur les jambes. Ensuite, installez-vous à l'envers dans votre lit, jambes en l'air contre le mur et restez dans cette position le temps de lire un ou deux chapitres avant de vous endormir. Vous pouvez enfin glisser un polochon au bout de votre lit pour surélever vos jambes pendant votre sommeil.

Très important : dormez autant que possible sur le côté gauche, la veine cave étant ainsi libérée pour permettre le retour veineux pendant la nuit. Eh oui, la veine qui permet au sang de remonter de vos jambes se trouve sur le côté droit du corps : si vous dormez sur le flanc gauche, elle n'est pas compressée et le sang circule mieux. Si vous êtes gênée, parlez-en à votre médecin, qui pourra vous prescrire des bas de contention : pas glamour pour un sou, mais soulagement immédiat! Bon courage pour expliquer à Chéri que si, c'est aussi sexy que des porte-jarretelles.

Si l'on dit la femme enceinte épanouie, elle est aussi bouffie. Même les plus minces finissent par faire un peu de rétention d'eau en fin de parcours, et les autres en sont souvent victimes bien plus tôt : les dernières semaines, vous ne pourrez pas échapper au visage gonflé. Vos paupières auront la consistance d'un dos de méduse pas fraîche, sans parler de vos pieds et de vos mains, transformés en battoirs boudinés! Pour limiter les dégâts, évitez le sel et le sucre, et réduisez les longues stations debout. Pour vous alléger en fin de journée, même recette que pour les problèmes de circulation ; vous pouvez en plus acheter un spray « jambes légères » adapté aux femmes enceintes pour aider vos chevilles à réapparaître.

Certaines femmes enceintes ressentent aussi des douleurs ligamentaires, parfois très aiguës. Les ligaments qui soutiennent l'utérus sont de plus en plus sollicités au fil de la grossesse, et protestent contre cet étirement forcé qui leur est imposé! Ces tiraillements peuvent survenir n'importe quand, alors que vous faites vos courses ou que vous êtes tranquillement installée dans votre canapé. Ils font (très) peur la première fois, on se demande ce que c'est : une fois que vous les aurez identifiés, sachez les interpréter comme le signal qu'il faut vous reposer pour les soulager. Il existe des traitements homéopathiques efficaces contre ces douleurs : parlez-en avec votre médecin ou votre sage-femme qui sauront vous orienter.

Cerise sur le gâteau, due à la croissance de Babychou : en fin de parcours, vous ne pourrez (presque) plus respirer. Eh oui ! votre petit squatteur a grandi, et il occupe toute la place qu'il peut, empiétant sans vergogne sur vos autres organes : vos côtes sont écartées par l'utérus, et votre capacité pulmonaire sérieusement diminuée. Vous aurez souvent la sensation d'être essoufflée, même sans bouger, et les efforts physiques comme la marche ou la montée d'un escalier, déjà compliqués par votre gros ventre et vos kilos supplémentaires, deviendront de vrais exploits quotidiens.

Soyons franches, on est entre nous : une femme enceinte de 8 mois et demi, ce n'est pas très joli. L'avantage, c'est que c'est presque fini.

Pour conclure cette liste impressionnante de petits tracas bien anodins, il est important de répéter que :

1) Vous n'aurez jamais tout ça en même temps.
2) Vous n'aurez sans doute pas tout ça tout court.
3) Vous n'aurez peut-être rien du tout !

Si on résume, la grossesse peut s'accompagner d'une succession de symptômes plus ou moins gênants selon les femmes, qui peuvent démoraliser ou inquiéter lorsqu'on y est confrontée. Le silence pudique de celles qui nous ont précédées n'est pas fait pour nous rassurer. Et pourtant, nous passons toutes par là, et nous trouvons toutes ça méga casse-bonbons, même si nous continuons à raconter aux suivantes que la grossesse est vraiment un moment merveilleux dans notre vie et qu'on ne s'est jamais sentie aussi épanouie !

La finalité est tellement belle que l'on oublie tous ces petits maux à la seconde où l'on découvre le visage de son enfant. Et ÇA, c'est vraiment vrai.

En bref...

✶ En cas d'inconfort ou de symptôme nouveau, ne restez pas seule à ruminer, et parlez-en à votre médecin : il saura vous conseiller des remèdes pour vous soulager. Pas de chichis !

✶ Vous aurez de la cellulite, vous ferez de la rétention d'eau et vous serez constipée. Mais votre entourage ne verra rien de tout cela, obnubilé par votre statut sacré de future mère, et vous, vous oublierez tout quand vous tiendrez Babychou dans vos bras : le jeu en vaut la chandelle.

Ma beauté, ma grossesse et moi

Votre corps connaît pendant 9 mois des bouleversements incroyables, auxquels il est important de se préparer pour les vivre de façon harmonieuse.

Le mythe veut que la femme enceinte soit épanouie, sublimée par sa grossesse, rayonnante… bla-bla-bla : c'est vrai ! Mais il y a quand même quelques précautions à prendre pour ne pas se transformer en poupée gonflée.

Sachez pour commencer que la grossesse apporte quelques améliorations notables à notre apparence : après cette revue du pire, elles méritent d'être signalées !

Vous n'aurez jamais eu d'aussi beaux cheveux : boostés par les hormones, ils se muent en crinière étincelante. Jouez de la mèche, c'est le moment ou jamais ! En revanche, ne cédez pas à la tentation d'une nouvelle coupe : toute votre silhouette change, votre visage s'arrondit, ce ne sont pas de très bonnes bases pour entamer un relooking, même si l'envie est normale pendant la grossesse.

Exit aussi les ongles qui cassent ou se dédoublent, vous n'aurez aucun problème pour faire vos manucures pendant 9 mois ! Les pédicures, c'est une autre histoire à partir du sixième mois : c'est tout de même plus facile quand on voit ses pieds, et surtout quand on peut les atteindre…

Quant à votre teint, il n'a pas été aussi velouté depuis votre entrée en CM2 : joue rose, œil vif, vous êtes fraîche comme la rosée du matin. Normal, vous dormez 10 heures par nuit, mangez équilibré, avez arrêté l'alcool, les cigarettes et les fiestas jusqu'à trois heures du mat.

Première victime de la grossesse : la peau

Les effets bénéfiques sur la peau sont quand même à nuancer un chouia. Les premières semaines, de fortes nausées entraînent un teint crayeux et de gros cernes. Non, ce n'est pas vous qui êtes la seule femme enceinte moche que vous connaissez, c'est juste que les autres manient mieux le blush et l'anticernes, rassurez-vous.

Et les hormones, qui vous donnent de si beaux cheveux, donnent aussi des boutons. Les crises d'acné sont très fréquentes en début de grossesse : elles peuvent parfois durer plus longtemps… Si vous vivez mal ce revival de vos années collège, demandez à votre médecin de vous prescrire des comprimés à base de zinc, autorisés pendant la grossesse, et qui sont très efficaces.

Vous risquez aussi d'avoir de petits angiomes, souvent sur le visage : cela fait comme des boutons, mais qui eux ne s'en vont pas. Chic. La bonne nouvelle : c'est bénin, et ça s'enlève très bien chez le dermato une fois que Babychou aura libéré son strapontin.

La peau de votre corps aussi va être mise à rude, rude épreuve : pas besoin de vous faire un dessin, vous voyez ce qui se passe quand vous tirez un peu fort sur un élastique… Il y aura forcément un peu de relâchement à l'issue de votre aventure, mais vous pouvez en limiter les effets.

Comme je l'ai déjà dit, LE geste indispensable est : s'hydrater. À fond. Les dermatos recommandent de s'enduire matin et soir d'huile d'amande douce ou de crème antivergetures (ou de crème tout court) pour hydrater la peau et l'aider à tenir la distance sans craquer. Il en existe pour tous les budgets et toutes les affinités (bio, grandes marques, etc.), alors vous n'avez pas d'excuse pour faire l'impasse dessus. Attention, point important : enceinte, les huiles essentielles sont proscrites ! Si vous faites des soins en institut avant que votre grossesse ne soit visible, prévenez la masseuse pour qu'elle utilise des gestes et des produits adaptés.

Massez amoureusement votre poitrine pour faire pénétrer la crème en partant des aisselles et en faisant des 8 entre vos deux seins : le décolleté prend un violent coup de bambou pendant et après la grossesse, ce n'est pas du temps perdu que de lui consacrer 5 minutes par jour pendant au moins 9 mois. Mais il n'est pas le seul : la peau du ventre, bien sûr, a besoin d'être aidée dans son effort de guerre, tout comme les hanches, le bas du dos, les fesses et les cuisses, zones à hauts risques pour l'apparition des vergetures. N'attendez pas d'avoir pris 20 kilos pour commencer : dès les premières semaines, vous pouvez et devez démarrer l'accompagnement de votre peau pour ce marathon de 9 mois.

Petite info au sujet des vergetures : les dermatos disent qu'une alimentation riche en sucre favorise leur apparition. Raison de plus pour ne pas craquer sur le chocolat tous les jours ! Et les prises de poids rapides sont également un facteur d'apparition : là, c'est parfois plus difficile à contrôler, surtout en fin de grossesse avec la rétention d'eau. Au moins, si vous avez fait votre max côté hydratation et alimentation, vous pourrez vous permettre d'être fataliste si votre peau craque en fin de parcours. Petit clin d'œil pour les futures mamans les plus âgées : le risque d'apparition des vergetures diminue avec l'âge. Et toc.

Deuxième victime de la grossesse : votre tour de taille, mais aussi de fesses...

Autre point important : vous allez grossir. Mais pas que du ventre. Les médecins disent que la prise de poids idéale pour une grossesse se situe entre 9 et 12 kilos, soit autour de un kilo par mois environ. En fonction de votre poids de départ, la recommandation de votre médecin pourra être différente : les plus rondes devront surveiller davantage leur assiette, et les maigrelettes auront pour consigne de refaire un peu de gras. Quelques heureuses natures arrivent à rester dans cette moyenne, mais à moins de prendre un coach comme Angelina Jolie, le commun des mortelles affiche plutôt un rab de 15 kg à l'arrivée, voire plus. Si vous êtes autour de + 6 kilos à 6 mois, bravo ! Mais ne vous lâchez pas pour autant sur les mille-feuilles : on prend souvent beaucoup de poids en fin de grossesse, mieux vaut vous garder une marge de sécurité.

La prise de poids peut de surcroît être erratique : vous perdez 2 kilos les premiers mois (nausées obligent), puis prenez soudain 4 kilos en 3 semaines, sans avoir eu l'impression de manger beaucoup plus. Eh oui, votre organisme stocke : comme Babychou ne mange pas aux mêmes heures que vous, il faut que le service soit assuré vingt-quatre heures sur vingt-quatre et donc que le frigo soit plein en permanence pour lui. Ces réserves sont aussi destinées à l'allaitement, pour s'assurer là encore que Babychou ne manquera de rien une fois sorti de votre ventre, nonobstant le fait que vous n'envisagez pas d'arrêter de manger une fois que vous aurez accouché. Ce stock se constitue indépendamment de votre volonté : vous ne pouvez rien y faire, à part limiter les dégâts en surveillant votre alimentation (alimentation, pas régime !) et vous consoler en vous répétant que toutes les futures mères sont logées à la même enseigne. Même Angelina. L'avantage : pendant la grossesse, vous serez aussi confortable qu'un fauteuil club avec tous ces petits capitons !

Et devinez où se stockent ces réserves indésirables mais indispensables : dans les fesses, le haut des cuisses, sur les hanches… et dans les joues, les bras ou le menton en fonction de votre morphologie. Même les plus minces vont se retrouver avec une bouée autour des fesses : il va falloir faire avec. L'avantage, c'est que plus votre ventre s'arrondit, moins cette bouée se voit.

Le seul hic, c'est que, pour un premier enfant, ladite bouée s'installe bien avant que votre ventre ne commence à pointer. Une fois votre grossesse annoncée, vous vous regardez dix fois par jour dans la glace, mettez vos vêtements les plus moulants pour faire ressortir votre microbidon légèrement arrondi, pensant que cela suffit à suggérer aux yeux non avertis que vous êtes enceinte et non pas en pleine digestion d'un Macdo. Hélas, jusqu'à 4, voire 5 mois de grossesse pour les ventres les plus discrets, votre état ne sera absolument pas évident, et la plupart des gens non informés penseront que vous avez grossi sans oser vous poser la question d'une éventuelle grossesse de peur de vous vexer. Ce qui est vexant !

Car ce qu'on ne sait pas tant qu'on n'y est pas, c'est qu'on a l'air vraiment enceinte qu'à partir de la moitié de la grossesse. Avant, vous avez juste l'air plus potelée que d'ordinaire. Il faut vous armer de patience avant d'être reconnue comme une future mère : pendant 3 mois, vous vous sentez mal, mais ne pouvez en parler à personne. Puis entre 4 et 5 mois, vous commencez à avoir du ventre, mais surtout des cuisses et des fesses, sans que votre grossesse soit évidente. Ce n'est souvent qu'à partir du sixième mois qu'il n'y a plus de doutes possible et qu'enfin, vous devenez aux yeux de tous « une femme enceinte », avec tous les égards qui lui sont dus. Ça fait long à attendre avant qu'on ne vous cède la place dans le bus, qu'on vous offre la dernière chaise disponible en salle de réunion, qu'on vous laisse passer à la caisse du supermarché…

Certains sites vendent des bracelets amusants sur ce thème : je vous recommande le port de celui portant cette inscription « *I'm not fat, I'm pregnant* » ! Plus d'ambiguïté possible !

Et côté look, comment on emballe tout ça ?

Cette prise de volume progressive s'accompagne d'un chambardement total dans votre garde-robe. Dès les premières semaines, vous oubliez les jeans un peu serrés : si votre ventre ne se voit pas encore, il est déjà dur et sensible, et vous ne supportez plus d'être comprimée à la taille. Astuce importante pour la mise au placard de vos affaires « normales » : n'oubliez pas de glisser de l'antimite dans vos housses, sinon, quand vous les exhumerez au bout d'un an (oui, ce sera un peu long de revenir à votre poids d'avant), vous risquez de ne pas en retrouver grand-chose.

Mais du coup, comment vous habiller pendant tout ce temps ? 9 mois, c'est long, ce n'est pas la garde-robe XXL de Chéri qui fera de vous une femme enceinte jolie et épanouie.

La femme enceinte est au summum de sa féminité pendant la grossesse. Elle a envie de mettre en valeur son ventre tout rond et sa poitrine de bimbo. Faites-vous plaisir en vous offrant de jolis vêtements de grossesse : vous êtes ronde et, pour une fois, vous en êtes fière, profitez-en ! Ne cachez pas votre corps dans des vêtements sombres et larges en pensant que cela vous amincit : c'est tout le contraire, cela vous tasse. Pour que grossesse rime avec mode, de plus en plus de marques proposent des lignes maternité (H&M, Zara, Gap, Benetton, Vertbaudet, Petit Bateau, La Redoute…) à des prix abordables. Et il existe maintenant des tripotées de sites web qui proposent de jolies collections pour la femme enceinte à des prix raisonnables (www.enviedefraises.fr, www.mammafashion.com, www.vertbaudet.fr, www.seraphine.fr) pour varier les looks au fil de votre grossesse et profiter à fond de ce corps épanoui. Si vous avez une occasion spéciale à fêter pendant cette période, comme un mariage ou un anniversaire, faites-vous plaisir et offrez-vous une belle pièce élégante dans une enseigne spécialisée : elles sont affreusement chères pour les vêtements du quotidien, mais cela fait du bien de se faire plaisir et de se sentir chic enceinte ! Un basique indispensable, dont vous ne pourrez plus vous passer en fin de grossesse : le legging ! Confortable, passe-partout, il complétera joliment vos tuniques et vos robes, et vous pourrez vous prélasser dedans le week-end à la maison.

Les tailles des vêtements de grossesse sont calculées sur la base des vêtements « standard » : si vous faites un 40, n'achetez pas du 44 en prévision de vos kilos à venir, vous flotteriez dedans ! Choisissez votre taille habituelle, les coupes sont adaptées à la morphologie des femmes enceintes.

Rassurez-vous, on s'est toutes senties débiles quand on a essayé notre premier pantalon de grossesse avec la large ceinture élastique qui remonte : à 3 mois, on flotte dedans, et en regardant la place qui reste, on se demande comment diable c'est possible de le remplir. Achetez-le quand même : passé 8 mois, non seulement vous le remplirez à craquer, mais vous ne pourrez sans doute même plus supporter le contact d'un élastique avec votre ventre tendu comme une barrique, qui de toute façon dépassera de tous vos vêtements. Vous pouvez commencer par des pantalons avec des élastiques sur le côté uniquement, plus discrets, et surtout plus adaptés à un début de grossesse. Vous pourrez continuer à les porter après votre accouchement. Pour les pantalons à bandeau, vous pouvez attendre le cinquième mois sans problème.

Enfin, pour les plus motivées, les talons sont envisageables jusqu'à 6 mois de grossesse environ, après c'est vraiment du masochisme avec vos pieds enflés et votre ventre qui pèse vers l'avant. Sans parler de la difficulté croissante d'attacher des lacets ou une boucle de chaussure : là maintenant, vous ne comprenez pas où est le problème, trop facile d'atteindre vos pieds ! On en reparle quand vous serez à 7 mois révolus et que vous vous contorsionnerez sur votre lit pour tenter d'enfiler vos chaussettes… Si vous achetez des chaussures, optez plutôt pour des ballerines confortables, qui s'enfilent sans se baisser.

On s'inscrit au soutien mammaire

Procurez-vous rapidement des soutiens-gorge de grossesse confortables et très costauds pour maintenir votre nouvelle poitrine de bimbo. Cela vous évitera de vous retrouver avec des gants de toilette en fin de parcours : c'est un investissement indispensable pour votre confort et votre beauté future! Vous n'avez pas forcément besoin d'acheter un soutien-gorge de maternité : rendez-vous dans une boutique de lingerie, montrez votre microbidon à la vendeuse attendrie, et demandez-lui de vous donner ce qu'elle a de plus costaud en terme de maintien. Bonnets enveloppants, trois agrafes dans le dos et bretelles larges, en deux ou trois exemplaires (blanc, noir, chair, pour faire face à toutes les éventualités pour les prochains mois) : vous êtes parée!

Si vous avez encore un doute sur l'importance de bien maintenir votre poitrine, avec du matériel de compét', souvenez-vous de la poitrine de tante Roberte qui vous faisait peur à la plage quand elle roulait son une-pièce pour faire jeune? Aaaaah, je vous sens tout à coup plus réceptive! Deux choses importantes : demandez à la vendeuse de mesurer votre tour de dos (souvent, on réalise que cela fait 10 ans qu'on achète la mauvaise taille et qu'on est mal maintenue…), et n'attendez pas d'en être à 6 mois de grossesse et de ressembler à la vache Milka pour vous décider à investir. Vers 2 mois et demi / 3 mois, c'est le bon moment, quitte à prendre une taille de bonnet un peu plus grande pour voir venir. J'ai bien dit le bonnet, pas le dos, c'est très important! Si vous grossissez beaucoup et que votre tour de dos change pendant la grossesse, demandez à Chéri de participer à votre combat contre la gravité et de réinvestir dans la taille du dessus : vous retournerez voir la même vendeuse pour lui montrer votre maxi-bidon et vos maxi-nichons pour qu'elle vous dégote ce qu'elle a de plus costaud dans son arrière-boutique.

Mon corps, ce héros

Dans notre société moderne, où le corps est un accessoire de mode, où on lui impose des jeans serrés, où les magazines le montrent ferme, souple et mince en toutes circonstances, accepter le relâchement imposé par la grossesse ne va pas de soi. Les hormones agissent aussi sur nos muscles : elles ordonnent à l'utérus et aux muscles abdominaux de se distendre pour laisser de la place au bébé, et, une fois encore, elles tapent large. Tous vos muscles se relâchent pendant la grossesse. Oui, vous aurez la fesse molle pendant quelques mois, mais ce qui est magique, c'est que finalement, on s'en fout ! Surtout, ne vous lancez pas seule dans un programme de gym forcené pour combattre ce phénomène : la plupart des mouvements d'abdos-fessiers classiques sont très mauvais pour la femme enceinte. Il existe des méthodes de gymnastique douce qui conviennent aux futures mères : renseignez-vous auprès de votre médecin ! (cf. « Le sport enceinte, faux ami ou vraie bonne idée ? », p. 99-107).

C'est une vraie révélation de prendre conscience, au travers de la grossesse, que le corps est un outil d'une précision fabuleuse, réglé par des mécanismes complexes et merveilleusement rodés. C'est l'occasion de se réconcilier avec lui, de renouer avec une image plus naturelle et plus décomplexée de soi. Le corps n'est pas qu'un outil de séduction : c'est avant tout un cocon qui permet à la vie de se développer. Cela remet les idées en place de le réaliser, et cela pose les bases d'une relation à son corps beaucoup plus amicale pour l'après-grossesse. Bien sûr, il y aura les kilos à perdre, la cellulite à éliminer, les seins à remonter, et tout le tralala, mais la grossesse change irrévocablement le regard que l'on pose sur soi, et l'on garde une vraie tendresse mêlée d'indulgence pour ce corps qui a si bien travaillé et qui nous a donné un enfant.

Ces petits désagréments cosmétiques peuvent causer quelques crises d'angoisse chez les femmes soucieuses de leur image et de leur apparence. Mais rassurez-vous : votre ventre a cela de magique qu'il focalise tous les regards, et fait disparaître tout le reste. Non, ce n'est pas parce qu'ils sont polis que les gens ne vous en parlent pas, c'est parce qu'ils ne voient pas l'acné, les kilos, tout ça : ils contemplent votre ventre, émerveillés par les promesses qu'il abrite, et le reste n'existe pas. Alors enfilez vos bas de contention avec le sourire : vous êtes enceinte, et dans les yeux des autres, vous êtes sacrée.

En bref...

✳ Les deux gestes beauté indispensables de votre grossesse : s'hydrater à mort tout le corps et investir dans de bons soutiens-gorge adaptés à votre nouvelle poitrine.

✳ Les gens vous verront simplement plus potelée que d'ordinaire jusqu'à votre cinquième mois : patience !

✳ Enceinte, vous serez grosse : restez philosophe !
Et l'on dit que s'il faut 9 mois pour fabriquer un enfant, il faut 9 mois pour retrouver sa silhouette ensuite.
Vous attaquerez le régime dès la fin de l'allaitement.
Mais interdiction de vous priver avant !

✳ Sous l'effet des hormones, vous aurez la fesse basse et le triceps ramollo : la fin justifie les moyens. Et vous pourrez reprendre la gym à fond une fois effectuée votre rééducation du périnée. Pas avant !

✳ Faites-vous plaisir et mettez en valeur votre silhouette arrondie avec des vêtements adaptés et ajustés !

Le sport enceinte, faux ami ou vraie bonne idée ?

Ce n'est pas parce qu'on est enceinte qu'on doit arrêter de bouger ses fesses, mais il faut néanmoins revoir son programme d'entraînement pour l'adapter à sa nouvelle morphologie.

Tout d'abord, tout dépend de l'avancement de votre grossesse. Au premier trimestre, vous pouvez encore à peu près tout vous permettre. À partir du quatrième mois, vous allez progressivement devoir ralentir la cadence, et en fin de parcours, vous devrez être sacrément motivée pour avoir encore le courage de faire de l'exercice, votre sveltesse naturelle étant quand même assez entamée…

Si vous êtes une antisport, la grossesse va peut-être vous faire flipper sur le futur de votre silhouette et vous serez saisie d'une envie subite de faire travailler vos muscles pour limiter la casse : bonne idée, mais attention, ce n'est pas le moment de vous lancer dans une activité intensive! Quant aux accros à l'endorphine, vous pourrez continuer à pratiquer votre sport habituel, sous réserve qu'il ne soit pas trop violent et que votre médecin soit OK. Sachez quand même qu'enceinte, fatigue et essoufflement arrivent très vite. Si vous êtes habituée à certaines performances, modérez vos attentes et vos efforts, ce n'est pas le moment pour améliorer votre chrono. N'oubliez pas qu'une activité sportive trop intense peut entraîner des choses joyeuses comme un décollement du placenta ou des contractions prématurées, alors mollo !!!

Il est tout de même recommandé d'avoir une activité physique pendant la grossesse, mais adaptée à votre morphologie temporaire. Les bienfaits de l'exercice sont nombreux pour les futures mères : entretien de vos abdos (si si, ils sont encore là, quelque part, je vous le jure), amélioration du retour veineux, accroissement de l'endurance. S'entretenir en douceur peut aussi atténuer les douleurs de dos, les crampes dans les jambes et la constipation. Certaines études ont même montré qu'une activité sportive facilite le travail en améliorant les performances respiratoires (parce que l'accouchement, vous ne le savez pas encore, mais c'est du sport) ; il semble également que les femmes ayant continué à faire du sport accouchent moins souvent par césarienne. Enfin, ces mêmes « grossportives » retrouvent plus facilement leur silhouette ensuite, car les muscles régulièrement sollicités pendant la grossesse repartent de moins loin. Alors, vous l'avez rangé où, votre jogging ?

Avec une petite nuance toutefois : oui au sport, mais pas n'importe lequel ni n'importe comment !

Les sports où y'a pas moyen !

Vous n'êtes pas cruchotte, mais ça ne coûte rien de le rappeler, les sports comportant des risques de chute ou de choc au niveau du ventre (équitation, ski, roller, kart, trampoline, parachute ascensionnel, escalade, sports de balle, sports de combat, accrobranche, etc.) sont à proscrire à partir du quatrième mois, et à éviter avant si vous êtes raisonnable. Vous êtes une vraie déesse de la poudreuse et vous ne tombez jamais à ski ? En temps normal, sûrement, mais, enceinte, votre centre de gravité se déplace, ce qui favorise les pertes d'équilibre et donc les risques de chute ou de traumatisme… Sans oublier qu'il n'y a pas écrit « Attention bébé à bord » sur votre bonnet ou vos rollers, et que les autres représentent un danger important.

Si vous êtes une adepte des fonds marins, rangez vos palmes et votre combi : la plongée est proscrite pendant toute la durée de la grossesse.

Les sports comme le jogging, le tennis, le squash, sont à oublier aussi : les impacts répétés et forts sont très mauvais pour les muscles et les ligaments, sans parler de vos seins qui n'ont pas besoin qu'on tire dessus davantage.

Les sports qui font du bien

Les meilleures amies de la femme enceinte sont la marche et la natation. La marche devient un peu le footing de la femme enceinte, et ce qui est top, c'est que vous pouvez « pratiquer » jusqu'au dernier jour. Quant à la natation, c'est ultrarelaxant de se laisser flotter sans sentir le poids de son corps ! De nombreuses piscines proposent des cours destinés aux femmes enceintes :

renseignez-vous, c'est un super moyen de vous détendre tout en gardant le contact avec vos muscles.

La gymnastique prénatale, comme son nom l'indique, est adaptée à la femme enceinte : avec sa série quotidienne d'exercices respiratoires, musculaires et de relaxation, à raison de 10 minutes par jour, elle prépare à l'accouchement en renforçant la sangle abdominale (pour qu'elle ne devienne pas abominable après la naissance). Elle a également pour effet de maintenir les muscles de la poitrine et d'activer la circulation sanguine. Tout un programme ! Pour maîtriser tout cela, vous pouvez vous inscrire à un groupe de préparation à la naissance : ce sera l'occasion de rencontrer d'autres femmes-baleines, cela permet de relativiser !

Il existe aussi des méthodes de gymnastique « douce », qui peuvent s'associer à votre préparation à l'accouchement. Mieux vaut commencer avec un prof qui vous apprend les bases, pour éviter les faux mouvements : les abdos-fessiers classiques que vous faisiez avant la grossesse sont à proscrire, par exemple. Vous pouvez continuer à en faire, mais dans des positions différentes et à un rythme moins soutenu. Côté fréquence, mieux vaut opter pour des séances de 20 minutes plusieurs fois par semaine plutôt qu'une seule session d'une heure. Et n'oubliez pas de vous échauffer avant, vous en avez plus besoin que jamais !

Si vous cherchiez une occasion de vous mettre au yoga, la grossesse est le bon moment pour démarrer ! Travail de la respiration, relaxation, concentration, musculation en profondeur : la pratique du yoga est excellente pour les futures mamans, à condition de ne pas vous lancer toute seule et d'être à l'écoute de votre corps s'il vous envoie des signaux de fatigue.

Bien sûr, que vous deveniez une pro de la position du lotus ou du dos crawlé, vous éviterez les mouvements brusques et les sollicitations trop fortes des articulations, fragilisées par la grossesse et votre prise de poids. Les ligaments se relâchent sous l'effet des hormones : gare aux entorses, les béquilles avec un ventre de 8 kilos, c'est pas marrant ! Soyez indulgente avec vous-même, autorisez-vous des pauses (longues) et ne vous imposez pas d'objectifs, la grossesse n'est pas le moment pour battre des records. Pensez à vous hydrater beaucoup, et à manger des aliments riches en potassium et magnésium, pour prévenir l'apparition des crampes.

Ce qui est certain, c'est qu'en fin de parcours, la circonférence impressionnante de votre ventre limitera beaucoup vos possibilités d'exploits sportifs (vous hisser hors du lit le matin sera déjà un bel effort), et vous n'aurez peut-être plus le courage de vous adonner à une activité régulière. Continuez la marche : au moins, ça permet de passer le temps et de tester les itinéraires de vos futures balades en poussette avec Babychou…

Vous vous demandez quand vous allez pouvoir recommencer vos cours de fitness ou vos footings quotidiens ? Il est indispensable de démarrer sa rééducation du périnée avant la reprise de toute activité sportive (c'est-à-dire de remettre d'équerre les muscles de votre minou qui en auront pris un sacré coup et ne seront pas capables de soutenir quoi que ce soit à l'intérieur si vous vous amusez à gambader). Cette rééducation du périnée ne pouvant se démarrer que 2 mois après l'accouchement, le temps de laisser notre corps digérer l'événement… Babychou aura entre 2 et 3 mois quand vous pourrez redémarrer la machine. Tout en douceur au début !

En bref...

✳ Enceinte, oubliez tous les sports où vous risquez de tomber ou de vous prendre un coup. Et arrêtez les sports avec des à-coups et des secousses : vous n'êtes plus équipée pour les amortir.

✳ Profitez-en pour découvrir le yoga, la natation, et (re)découvrir les plaisirs de la marche. Si vous voulez faire de la gym à la maison, oubliez vos abdos-fessiers d'avant et prenez des cours pour apprendre une méthode étudiée pour la grossesse.

✳ Enfin, vous ne préparez pas les J.O., alors on y va mollo !

Côté assiette, comment ça se passe ?

Vous qui pensiez que, enceinte, vous alliez pouvoir vous faire plaisir, vous jeter sur les religieuses au chocolat et n'écouter que vos envies, arrêtez tout de suite de saliver!

L'alimentation d'une femme enceinte est l'un des sujets qui suscitent le plus de commentaires et de conseils contradictoires de la part des proches : la future mère en perd souvent son latin.

Enceinte, on mange plus?

Tout d'abord, vous aurez faim. Souvent. Beaucoup. C'est normal, vous avez en vous une petite machine de guerre qui pompe toutes vos réserves, et qui grignote toute la journée. Ce n'est pas une raison pour en faire autant : vos repas seront plus complets, c'est naturel, mais votre médecin vous le dira, ce n'est pas parce que l'on est enceinte que l'on doit manger pour deux. Mieux vaut manger deux fois mieux. Votre corps s'occupe de mettre de côté ce dont le bébé a besoin, tout en vous laissant le nécessaire pour être en forme. À condition d'être raisonnable!

Méfiez-vous comme la peste de ceux qui vous proposent un éclair au chocolat ou de la chantilly sur vos fraises avec cet argument en apparence imparable : « *Oh, tu peux te le permettre, tu es enceinte!* » Non, vous ne pouvez pas plus vous le permettre qu'à l'ordinaire, c'est-à-dire de temps en temps et en faisant gaffe à équilibrer le reste de la journée. Enfin, si vous êtes préoccupée par la cellulite et les petits capitons… Sinon, passez au chapitre suivant!

Car le piège est là : dans nos vies de femmes modernes au régime en permanence, la grossesse apparaît comme le mirage d'une période où tout est permis et sans conséquence. Or, modifier brutalement ses habitudes alimentaires, s'autoriser des quantités gargantuesques, introduire des grignotages et des sucres que l'on s'interdisait en temps normal : voilà les vraies causes des sorties de routes spectaculaires. Pour tenter de vous maîtriser, gardez à l'esprit que le risque de vergetures augmente avec la prise de poids, et la fin de grossesse est d'autant plus pénible que l'on a grossi. Voilà, c'est bien, cette tablette de chocolat est bien plus heureuse avec ses copains les cookies au fond du placard que dans votre estomac.

Tout au long de la grossesse, il est important de manger à sa faim, très équilibré, très varié, de se gaver de légumes verts et de laitages, sans oublier les féculents pour tenir la distance, mais certainement pas de craquer sur les sucreries à tout bout de champ. Pas question non plus de sauter un repas : enceinte, votre organisme a besoin de carburant tout le temps. Ayez toujours un fruit sur vous pour parer aux fringales (et la tentation d'entrer dans la première boulangerie venue pour foncer sur une tarte aux fraises). Enfin, imposez-vous des horaires réguliers pour vos repas, et passez à table avant d'être en hypoglycémie. N'étant pas au bord de l'évanouissement, vous pourrez ainsi mieux contrôler votre alimentation.

Enceinte, j'arrête quoi ?

Les questions ne s'arrêtent pas aux quantités que vous absorbez. En tombant enceinte, vous découvrirez une liste impressionnante d'aliments que vous ne pourrez plus consommer : elle est plus ou moins exhaustive en fonction des médecins, mais voici le gratin des indésirables !

- Viandes et poissons crus ou mal cuits, œufs crus, lait cru, coquillages : à cause de la toxoplasmose, si vous n'êtes pas immunisée, et de la salmonellose. Au resto, demandez votre viande bien cuite, *idem* lors des barbecues entre copains. Évitez la mayo, les crèmes à base d'œufs crus (aïe, il avait l'air bon ce tiramisu !), hélas… la liste est longue !
- Les fromages non pasteurisés et le lait cru (c'est-à-dire tous ceux qui sont vraiment bons), à cause de la listéria. Cette bactérie très dangereuse pendant la grossesse est tuée par la pasteurisation. Si vous avez un bon fromager, demandez-lui conseil, il existe maintenant des tonnes de fromages pasteurisés excellents. En plus, si des cas de listéria ont été signalés, il sera au courant et pourra vous

alerter sur les produits à risque. Si vous êtes invitée à dîner chez des copains, proposez d'amener le fromage plutôt que le dessert, au moins vous serez sûre de pouvoir en manger.
- Les crudités mal lavées : à cause du risque de toxoplasmose, si vous n'êtes pas immunisée. Ce parasite qui vit dans la terre peut se retrouver sur les légumes : c'est important de les laver (avec une goutte de vinaigre blanc) et relaver avant de les consommer. En bref, vous oubliez les salades dans les restos et les sandwichs aux crudités. Et à l'apéro chez Mimine, à moins que Mimine ne soit connue pour être une maniaque du lavage de radis, vous évitez aussi les crudités.
- Les charcuteries : encore à cause du risque de listéria. Donc exit le foie gras, le saucisson, l'andouillette… et tout ce qui fait le sel de la vie.

Ça, ce sont les trucs sur lesquels le médecin vous alerte. Après, bon… à vous de voir où vous placez le curseur, et la confiance que vous accordez à vos amis ou aux commerçants ! Si vous ne sentez pas un plat, même bien cuit, dans un resto, ne le mangez pas, car enceinte, une intoxication alimentaire peut être dangereuse.

Il y a aussi des aliments qui ne sont pas interdits, mais qu'il est préférable de consommer avec modération. En première ligne, ceux qui contiennent des sucres, cachés ou pas ! Les fruits sont très bons pour la santé, mais il est préférable de se limiter à un ou deux par jour pendant la grossesse. Attention à ce que vous buvez comme jus de fruits, sodas, et autres…, ils contiennent souvent des quantités importantes de sucres. Gare aussi au sel : enceinte, vous avez déjà une tendance à la rétention d'eau, alors évitez de resaler vos assiettes, et aromatisez plutôt vos repas avec des herbes pour donner du goût. Si vous êtes amatrice de café ou de thé, ralentissez votre consommation : les excitants ne sont pas de bons alliés de la femme enceinte ni de Babychou, et le thé en grande quantité perturbe l'absorption du fer par l'organisme.

Enceinte, je mange quoi, alors ??

Après cette longue liste d'aliments déconseillés, il y a heureusement des tas de choses dont vous pourrez vous régaler pendant la grossesse. Les brocolis, les salsifis, les choux de Bruxelles… Avec eux, vous pouvez vous lâcher! Super, hein?! Non, sérieusement : il est important, on le répète, de ne pas se priver de l'essentiel pendant la grossesse, et de manger à sa faim pour maintenir votre jauge d'énergie dans le vert. Le goût des aliments que vous avalez est perçu par Babychou via le liquide amniotique : variez les plaisirs et les saveurs, testez de nouveaux légumes pour lui apprendre à aimer les bonnes choses!

Voici un exemple de journée type, qui n'est bien sûr pas à reproduire fidèlement pendant 9 mois, mais qui permet de mettre en valeur les aliments dont on a vraiment besoin (non, le mille-feuilles n'en fait pas partie…).

Petit déj
- 2 ou 3 tartines de pain complet (il améliore le transit) légèrement beurrées et, pour les gourmandes, tartinées d'une fine couche de confiture OU des céréales.
- Un kiwi (vitamine B9).
- Une boisson chaude (plutôt thé que café).
- Une tranche de jambon cuit.

Déj
- Une protéine (œuf, viande ou poisson bien cuit).
- Légumes verts à volonté.
- Une portion de féculents.
- Un laitage (fromage blanc légèrement sucré, fromage pasteurisé).

Goûter (si vraiment vous avez faim…)
- Une pomme.
- Un yaourt blanc légèrement sucré.

Dîner
- Une crudité (bien lavée!!)
- Une protéine.
- Des légumes verts.
- Un fruit ou un laitage.

Présenté comme ça, ça ne fait vraiment pas envie… Ce qu'il faut retenir, c'est que vous avez besoin de féculents en quantité raisonnable, que vous pouvez vous lâcher sur les légumes et les protéines (c'est indispensable pour le développement du bébé), et qu'il faut avoir la main légère sur le sucre et le sel! Sachez que le cholestérol est bon pour le développement cérébral du fœtus, si, si! Donc si vous voulez qu'il fasse Polytechnique, mangez des jaunes d'œufs... Pas trop non plus, mais ne vous inquiétez pas de votre taux de cholestérol pendant la grossesse, vous verrez ça dans quelques années! Après, à chacune de composer ses menus de grossesse en fonction de ses talents culinaires, de ses envies, et de l'avis de son médecin! Si vous avez des doutes sur votre alimentation, ou souhaitez des conseils adaptés à votre cas, parlez-en avec lui, il peut vous donner des fiches menus avec plein d'idées.

Enfin, buvez buvez buvez!! La consommation minimum recommandée pendant la grossesse est de 1,5 litre d'eau (pas de soda...) par jour! Ayez toujours votre petite bouteille avec vous, l'eau est indispensable pendant la grossesse, car le liquide amniotique dans lequel Babychou fait trempette se renouvelle grâce à l'eau que vous buvez.

Maman boit, bébé trinque

Mais attention, quand on dit « buvez », on parle bien d'eau. L'alcool, faut-il le rappeler, est plus que fortement déconseillé par les médecins pendant la grossesse, surtout les premiers mois, quand le corps et le système nerveux de Babychou se développent à toute vitesse. Vous serez peut-être surprise par la différence de perception de l'alcool entre la génération des moins de quarante ans et celle des plus de soixante ans. À une fête chez des copains, on vous achètera tout spécialement une bouteille de Champomy pour trinquer, alors que votre tante Josiane et votre oncle Robert s'étonneront que vous refusiez un petit coup de rouge pour accompagner le pot-au-feu du dimanche. « *Oh, un petit verre, ça ne pourra pas te faire de mal !* » Hum, si, justement, ça pourrait. Enfin surtout pour Babychou. Alors dans le doute… *Idem* pour la cigarette, puisqu'on parle des sujets qui fâchent. Fumer enceinte est bien entendu plus que déconseillé par les médecins, la cigarette entraînant un risque d'accouchement prématuré et de retard de croissance du fœtus. Si vous êtes complètement accro à la nicotine, discutez-en avec votre médecin, il pourra vous proposer des idées pour décrocher ou au moins ralentir sérieusement votre consommation.

Certaines femmes souffrent de diabète gestationnel. Lorsque vous êtes en bonne santé, votre glycémie est contrôlée en milieu de grossesse, et si votre taux de sucre dans le sang est trop élevé, c'est que votre métabolisme ralenti a du mal à assimiler les sucres. Le test de la glycémie est très désagréable : on vous demandera d'arriver à jeun (super dans votre état) pour vous faire une première prise de sang. On vous fera ensuite ingurgiter une solution sucrée vraiment infecte, puis vous poireauterez une grosse heure avant de faire une deuxième prise de sang. Si votre taux de sucre est trop élevé, votre médecin vous prescrira un régime sans sucre, hélas assez difficile à tenir pour une femme enceinte droguée aux hormones : c'est totalement fou le nombre d'aliments qui contiennent du sucre ! Si vous êtes dans ce cas, accrochez-vous à l'idée que grâce à votre odieux régime sans sucre, vous limiterez au maximum votre prise de poids, et récupérerez plus vite la ligne à l'arrivée. Chic.

Dans tous les cas, il y a quand même des tas d'aspects positifs dans l'alimentation de la femme enceinte. Manger plein de légumes, c'est bon pour le teint. C'est l'occasion de prendre de saines habitudes qui perdureront après votre accouchement. Réapprendre à cuisiner des légumes vous sera bien utile pour élaborer les délicieuses purées de Babychou dans quelques mois. Et surtout… qu'est-ce que vous allez vous régaler quand vous pourrez, après 9 mois d'abstinence, déguster un bon saucisson accompagné de son petit verre de rouge !

En bref...

✹ Enceinte, il ne faut pas manger pour deux, mais manger deux fois mieux. Les régimes sont proscrits, sauf sur recommandation spéciale de votre médecin : l'important, c'est l'équilibre de vos repas.

✹ Mangez à horaires réguliers, et en quantité suffisante, pour limiter les grignotages. En cas de fringales, préférez un fruit ou un laitage à une sucrerie.

✹ L'alcool, la charcuterie, le fromage non pasteurisé sont proscrits, et la liste s'allonge si vous n'êtes pas immunisée contre la toxoplasmose.

Les premiers contacts avec Babychou : qui es-tu, remuant inconnu ?

On vous a toujours seriné que ressentir pour la première fois les mouvements du bébé dans votre ventre est un moment magique, d'une poésie incroyable... Il est temps de casser le mythe. Et en même temps, de célébrer ces premiers échanges tellement intenses !

Autour de 4 mois de grossesse, en fonction des femmes, du positionnement de votre placenta, de la taille de Babychou, vous ressentez enfin ses mouvements. Expérience incroyable, émouvante, que la découverte de cette petite vie qui grandit en vous. Si vous tardez à sentir que ça bouge là-dedans, rassurez-vous : c'est très variable en fonction de chacune, et pour une première grossesse, les mouvements du fœtus peuvent ne pas être ressentis avant 5 mois. Bah oui, vous avez encore des abdos qui font écran ! Pour le deuxième, ce sera plus rapide…

Mais ça ressemble à quoi au juste, les mouvements de Babychou ?

Le hic, c'est que les livres sur la grossesse et nos mères nous décrivent poétiquement ces premières sensations comme « *de petites bulles* » ou « *un frôlement d'aile de papillon* ». Vous guettez donc avidement ce genre de manifestations, mais en réalité, les premiers mouvements de Babychou que l'on ressent ressemblent plutôt aux gaz que l'on sent transiter dans notre intestin lorsque l'on est constipée. On comprend que la mémoire collective préfère les décrire comme des ailes de papillon, mais pour une future mère qui attend ce premier contact impatiemment, mieux vaut être avertie pour savoir de quoi on parle !

Chéri devra, lui, attendre bien plus longtemps pour sentir les mouvements de votre enfant. Une fois que vous les aurez identifiés, vous les sentirez très souvent, mais avant que ses galipettes ne soient perceptibles à l'extérieur de votre ventre, il se passera encore quelques semaines, où Chéri est condamné à vous regarder avec un sourire crispé vous émerveiller, « *Tu le sens, là, tu le sens ?* » sans oser vous dire que non, il ne le sent pas du tout, de peur de vexer la femme-enceinte-sacrée-et-émotive que vous êtes.

Ne vous inquiétez pas, à partir du sixième mois, que ce soit de l'intérieur ou à la surface du ventre, vous sentirez les moindres mouvements de Babychou, et cela ira en s'accentuant jusqu'au bout. Et alors, quel bonheur de poser vos mains sur votre ventre et de sentir gigoter votre enfant! Beaucoup d'hommes et de femmes qui n'ont pas encore vécu de grossesse redoutent le côté « alien » de cette vie déjà indépendante dans le ventre, mais quand on y est confrontée, cela semble la chose la plus naturelle du monde. Vous vous surprendrez à guetter ses mouvements, et ces premiers échanges posent les bases de l'amour inconditionnel et incroyable que vous éprouverez pour votre enfant.

C'est tentant d'assimiler les mouvements que l'on ressent avec la personnalité future de Babychou. « *Oh lui, ce sera un petit nerveux!* » « *Elle dort tout le temps, c'est cool, on va bien s'entendre, surtout le dimanche matin…* » Il est difficile de prédire quoi que ce soit du comportement de Babychou à partir de ce que vous ressentez de ses activités diurnes et nocturnes, vous découvrirez à qui vous avez affaire le jour de la naissance. En revanche, vous expérimenterez dès la grossesse les premières joies de la relation mère/enfant…

Bien sûr, vous aurez envie de lui donner une fessée quand Babychou vous réveillera d'une galipette ou d'un coup de pied à trois heures du matin.

Bien sûr, vous ne saurez plus où vous mettre quand Babychou, alors que vous faites la queue pour aller au cinéma, posera sa tête ou ses fesses pile sur votre vessie un peu remplie, ne vous laissant qu'une ou deux minutes pour sautiller péniblement vers les toilettes les plus proches.

Bien sûr, vous trouverez très indiscret qu'il se réveille juste au moment où vous vous lancez dans un câlin avec Chéri, bloquant ainsi toute envie chez son futur papa d'honorer la future mère.

Bien sûr, vous paniquerez quand vous ne le sentirez plus bouger pendant une heure, imaginant aussitôt le pire, alors que Babychou fait juste une petite sieste pour être en forme à cinq heures du mat' pour l'after.

9 mois pour faire connaissance...

Pendant 9 mois, vous et Babychou allez vivre en symbiose complète, et pourtant il est déjà indépendant. Vous l'abritez, mais il a son rythme, ses réactions, ses lubies, qui ne collent pas toujours aux vôtres. Et sans même vous en apercevoir, vous créez avec lui un dialogue permanent, un échange de chaque instant : pendant 9 mois, vous n'êtes JAMAIS seule. Sa présence et sa vitalité vous accompagnent partout, à chaque instant, source d'énergie et de distraction à la fois. Certaines futures mamans discutent avec leur ventre, d'autres lui font écouter de la musique, d'autres encore préfèrent le caresser pour sentir le corps de leur futur bébé se coller contre la paroi au contact de leur main… Chacune a sa méthode, chacune son ressenti : vous êtes déjà, sans vous en apercevoir, en train de poser les bases de la relation que vous entretiendrez avec Babychou après sa naissance.

Pour vous, cela va de soi, vous le trimballez partout pendant 9 mois. Mais pour Chéri, c'est beaucoup moins évident. Il sent ses mouvements bien plus tard que vous, et de façon moins intime, moins profonde. Pour lui, la personnalité de Babychou reste très abstraite jusqu'à la naissance, même s'il fait son maximum pour s'investir dans votre grossesse et en comprendre le déroulement. C'est à vous, future mère, de l'aider à créer des liens avec Babychou, en lui décrivant du mieux que vous pouvez les réactions et les mouvements que vous percevez. C'est essentiel que vous l'impliquiez, que vous viviez votre grossesse ensemble, et que Chéri ne reste pas spectateur de vos échanges avec votre futur enfant : il sera ainsi d'autant plus investi dans son rôle de père lorsque le Big Day arrivera. Et les émotions que vous partagerez alors en seront d'autant plus fortes.

Il existe une méthode de préparation à l'accouchement originale : l'haptonomie. Cette « science de l'affectivité » passe par le toucher, et apprend à communiquer avec son enfant par de douces pressions des mains sur le ventre : un bon moyen de partager avec Chéri le contact privilégié que vous avez avec votre futur bébé. Et, en plus, cela lui permettra d'apprendre en même temps des gestes utiles pour vous soulager le jour de l'accouchement. Si cela vous tente, foncez !

Et son petit nom, ce sera quoi ?

Une autre étape importante qui ancre l'arrivée de Babychou dans la réalité (indépendamment de l'achat du lit à barreaux, de la table à langer et de votre gros ventre) : le choix du prénom ! Ah, le prénom : que celle qui n'a pas fait régulièrement depuis ses 10 ans la liste de ses prénoms favoris me jette la première pierre ! Vous avez sans doute des idées déjà bien arrêtées sur quelques prénoms que vous avez envie de donner à Babychou.

Encore faut-il tomber d'accord avec Chéri, et c'est là que ça se complique. Soyons claires, c'est vous qui aurez le dernier mot, vous êtes la maman, mais chuuuuut…. cela reste entre nous!

Il vous faudra user de ruses de Sioux pour convaincre Chéri que c'est lui qui a eu l'idée de ce si joli prénom que par un heureux hasard, vous aussi vous aimez bien. Sans plus, hein, mais si ça lui plaît, vous voulez bien le mettre dans votre top liste. Un conseil : n'attaquez pas frontalement dès le deuxième mois de grossesse, une fois qu'il aura pris un prénom en grippe, vous aurez du mal à le faire revenir en arrière. Proposez-lui des leurres, qu'il ait le sentiment d'avoir exercé son droit de veto, avant de lui lancer comme ça, l'air de rien, VOTRE prénom.

S'il ne craque pas, il vous reste la grève de la faim (pression psychologique très efficace pendant la grossesse!), le déni (vous oubliez systématiquement SON prénom), le dénigrement (vous enquêtez pour débusquer un looser qui a porté SON prénom et dont l'histoire devrait le dégoûter)… bref, tous les coups sont permis. Et, grande princesse, vous pourrez toujours lui proposer de mettre SON prénom en deuxième prénom, c'est un super compromis que vous lui offrez! Et qu'il arrête de vous menacer de mettre le prénom qu'il veut en allant déclarer la naissance à la mairie : dans la plupart des hôpitaux et cliniques, des officiers d'état civil passent trois fois par semaine dans les chambres pour enregistrer les naissances auprès des nouvelles mères. Quand je vous dis que vous avez le pouvoir…!

Rassurez-vous, si vous n'arrivez pas à tomber d'accord avant l'accouchement, vous avez 3 jours pour donner un nom à votre enfant. D'intéressants débats en perspective… !

Les attitudes sur l'annonce du prénom varient d'un couple à l'autre, d'une famille à l'autre. Certains préfèrent garder le secret jusqu'au jour de la naissance, pour s'épargner les commentaires des futurs grands-parents et des copains, qui ne pourront pas s'empêcher de mettre leur grain de sel. Le risque : vous faire piquer VOTRE prénom par une autre future maman de votre entourage qui aurait le mauvais goût d'accoucher avant vous… Ou entendre votre belle-mère spéculer sur des idées de prénoms pendant le déjeuner du dimanche, et écarter VOTRE prénom d'un « *oh non, pas ça quand même, c'est affreux* ».

D'autres préfèrent annoncer la couleur dès le départ : si c'est une fille, ce sera XX, et si c'est un garçon, ce sera XY. C'est plus pratique pour ceux qui veulent vous offrir un nid d'ange brodé pour la naissance, et vous posez ainsi une barrière de protection autour de VOTRE prénom.

Souvent, les couples donnent au moins un surnom pendant la grossesse à leur Babychou, que le sexe soit connu ou pas. Non, ce n'est pas gnangnan, cela aide les futurs parents à personnifier les échanges avec le bébé, à lui donner une réalité bien concrète, à parler à un futur être humain et non à un ventre.

Les contacts de plus en plus marqués et prolongés avec Babychou au fil de la grossesse vous amèneront peut-être à vous poser de grandes questions existentielles sur votre capacité à l'aimer, sur la capacité de Chéri à l'aimer, sur vos capacités à être de bons parents… Vous verrez quand vous y serez, mais rassurez-vous : de l'avis unanime de tous les parents, l'amour qu'on éprouve pour son enfant, que l'on soit son père ou sa mère, dépasse les limites de ce qu'on est capable d'imaginer tant qu'il n'est pas né. Donc c'est normal que vous soyez flippée, puisque vous ne pouvez pas encore savoir. La grossesse pose les bases de cet amour incroyable, et les jours qui suivent l'accouchement soudent les pièces de votre puzzle familial de façon permanente.

Pas de doute, si vous vous posez la question de savoir si vous saurez l'aimer, c'est que vous l'aimez déjà.

En bref...

✸ Les premiers mouvements de votre bébé seront difficiles à distinguer des gaz qui se promènent dans votre intestin.

✸ Vous et votre enfant créez des liens très forts tout au long de la grossesse, mais il a déjà son indépendance !

✸ Ne laissez pas Chéri sur le banc de touche, faites-le participer, impliquez-le, expliquez-lui, bref, vivez toutes les évolutions de votre grossesse à deux !

✸ Renseignez-vous sur l'haptonomie si vous avez envie de mieux maîtriser vos échanges avec Babychou.

Non mais, de quoi ils se mêlent ?

« L'enfer, c'est les autres. » Sartre aurait pu être une femme enceinte... Parce que 9 mois à supporter conseils et réflexions sur le déroulement de votre grossesse, c'est long.

La vue d'une femme enceinte provoque chez beaucoup de femmes un besoin irrésistible de se remémorer leur propre grossesse, et de vous assommer avec leurs conseils et expériences. Armez-vous de patience, car pendant 9 mois, tout le monde, y compris votre esthéticienne ou la caissière de votre supermarché, va se mêler de savoir comment vous dormez, comment vous mangez, comment vous marchez, comment vous vous habillez, comment vous allez accoucher, comment vous allez l'appeler, comment vous allez le nourrir, bref, aucun détail n'y échappera.

Les avis dont on se passerait bien !

Ce que vous mangez, tout d'abord, suscitera de nombreux commentaires. Que ce soit pour vous dire « *Oh, ça va, tu peux te faire plaisir, TOI, tu es enceinte !* » ou « *Atten-*

tion, tu ne devrais pas prendre de dessert, parce qu'après la naissance, tu sais, tu vas le regretter! », certains mettront leur grain de sel dans votre assiette avec des réflexions culpabilisantes ou des conseils peu avisés. Très agaçant quand on sait que l'alimentation d'une future maman est un sujet difficile à gérer avec soi-même, entre envies subites, gourmandise et recherche d'équilibre. N'écoutez que votre médecin, vos envies… et votre balance quand même un peu de temps en temps.

Le choix de votre maternité suscitera aussi de nombreux commentaires. Beaucoup de femmes vous vanteront les mérites de leur propre maternité, tellement à la pointe, tellement moderne, tellement bidule… sans se soucier des angoisses que ces comparaisons ne manqueront pas de susciter chez vous si vous avez choisi d'accoucher ailleurs. Le pire étant les indélicats qui trouvent le moyen de vous raconter des histoires sinistres sur l'établissement où vous allez accoucher, en général vieilles de 20 ans, mais tout de même effrayantes pour une future mère shootée aux hormones! Le plus important, c'est ce qui compte pour vous et les raisons pour lesquelles vous avez choisi votre maternité, que ce soit pour sa proximité ou pour ses méthodes d'accouchement particulières, ou sa fiabilité!

La question du travail est un autre sujet épineux. Certaines femmes décident de travailler le plus longtemps possible, quand leur état le permet, pour profiter au maximum de leur enfant après l'accouchement : si c'est votre choix, soyez prête à essuyer la désapprobation de certains qui vous reprocheront de mettre en péril la santé de votre bébé. Là encore, seul l'avis de votre médecin et votre ressenti comptent. À l'inverse, une femme qui s'arrête de travailler très tôt car très fatiguée sera jugée comme une mauviette par certaines mauvaises langues : « *être enceinte n'est pas une maladie* », entend-on parfois. Non, mais c'est quand même très crevant...

Tous devins !

Vous serez surprise de découvrir les capacités de tous à prophétiser la suite de votre grossesse. « *Oh, toi, tu vas accoucher en avance, c'est sûr !* » Ou alors : « *Oh, toi, calme comme tu es, il ne va pas se presser ce petit.* » Réflexions totalement absurdes, la date choisie par votre bébé pour venir au monde ne dépendant nullement de votre caractère impatient ou pas. Le problème, c'est qu'à force d'entendre tout le monde vous prédire çi ou ça, vous risquez d'être perdue si, en fin de grossesse, Babychou ne suit pas ces recommandations. Si l'on vous a prédit une fin de grossesse hâtive, vous allez trouver les dernières semaines très, très longues, puisque vous vous serez inconsciemment préparée à un accouchement avant terme. Et si votre enfant vient plus tôt, vous culpabiliserez en vous demandant ce que vous avez fait pour hâter sa venue. Sans doute rien, il avait juste envie d'arriver.

Vous entendrez aussi sans cesse le refrain « *garçon ou fille ?* ». Si vous connaissez le sexe, cette question ne sera pas trop importune. Mais si vous faites partie des courageuses qui ont choisi de conserver le mystère jusqu'au bout, il vous faudra des trésors de patience pour ne pas envoyer paître tous ceux qui s'ébahiront à grands cris : « *Mais comment faites-vous ?* », « *Moi je ne pourrai jamais* », « *Moi je n'aurais jamais pu attendre, j'avais besoin de savoir* », « *Comment vous allez faire pour la couleur de la chambre ?* », « *Pas trop impatients de savoir ?* » Des manifestations qui ne vous seront d'aucune utilité dans votre stoïcisme… Vous pouvez noter ces prophéties dans votre carnet de bookmaker : tout le monde voudra faire ses pronostics sur le sexe du bébé, en fonction de la forme de votre ventre, de votre teint, etc. Vous entendrez dix fois par jour « *oh, ton ventre pointe, cela doit être un petit mec* », ou « *ah, le ventre s'étale sur les hanches, c'est sûrement une fille* ». Le must de la réflexion atroce : « *ça doit être une fille, on dit que les filles volent la beauté de leur mère* ». Là, vous avez le droit de lui coller un coup de sac à main. Honnêtement, passé 7 mois, tous les ventres sont ronds, et la fiabilité de ces prédictions est… d'une chance sur deux !

J'ai une angoisse, j'en parle à qui ?

À votre médecin, en premier lieu. Vous avez une douleur inhabituelle, vous trouvez que Babychou est moins remuant ces derniers temps, vous ressentez des symptômes inconnus au bataillon : pas d'états d'âme, vous décrochez votre téléphone et vous posez vos questions à votre médecin, qui vous donnera la marche à suivre s'il partage votre inquiétude. Parce que Chéri, à part s'angoisser encore plus que vous, ne pourra pas faire grand-chose. Votre mère, selon son caractère et ses souvenirs de guerrière enceinte, aura tendance à minimiser ou à dramatiser. Vos copines, si elles n'ont pas ressenti les mêmes choses, ne pourront pas faire avancer le schmilblick. Quant à Internet… lâchez tout de suite cette souris! Faire des recherches seules sur le Net quand on s'interroge sur sa santé, c'est le meilleur moyen de courir aux urgences convaincue qu'il vous arrive un truc épouvantable. À moins d'être médecin, vous ne comprendrez rien au charabia des sites scientifiques; quant aux forums, les futures mères aux grossesses compliquées s'y épanchent davantage que celles pour qui tout se passe bien.

« Ah oui, toi ça te fait ça ? Étonnant… »

Beaucoup de femmes ne pourront s'empêcher de faire des comparaisons avec leur propre grossesse : ne vous laissez par influencer! *« Oh, moi, à 6 mois, j'avais un ventre beaucoup plus gros! Ça va être une crevette ton bébé! »* ou alors *« C'est marrant qu'il ne bouge pas plus, moi je le sentais tout le temps »* ou *« Moi je n'ai pas eu de douleurs du tout, c'est bizarre que tu en aies »*. Ces remarques sont terribles pour la future mère qui n'a pas de repères et redoute des complications pour son bébé dont elle n'aurait pas conscience. Ne perdez jamais de vue qu'il y a autant de grossesses différentes que de femmes, et posez toutes les questions qui vous préoccupent à votre médecin. Pensez à les noter entre vos rendez-vous pour ne pas en oublier.

Votre mère joue parfois un rôle important dans la « prédétermination » de la manière dont doit se dérouler votre grossesse. Toutes les mères ont un niveau de projection différent sur leur fille, mais vous voir enceinte lui rappelle sa grossesse, et la vôtre aura sans doute envie de partager avec vous ses souvenirs (encore très frais, vous en serez surprise !) de l'époque où elle vous attendait. Si cela se limite aux souvenirs, tout va bien, c'est plutôt une occasion de vous rapprocher d'elle : souvent, la perspective de devenir mère à son tour permet de comprendre les sacrifices et efforts qu'ont faits nos parents pour nous éduquer et nous protéger, parfois de nous-mêmes, et cela crée une gratitude *a posteriori* très enrichissante. Protégez-vous en revanche des *« C'est étonnant que tu aies autant grossi, moi je n'avais pris que 10 kilos quand je t'attendais… »* : comme vous n'êtes pas identiques, cela risque de provoquer chez vous de l'inquiétude si votre grossesse ne se déroule pas selon les standards familiaux, qui sont bien sûr très subjectifs !

Vous serez aussi très étonnée de la facilité des ex-femmes enceintes à se confier sur leur grossesse, et à vous livrer parfois des détails intimes dont vous vous seriez bien passé ! *« Moi, à cause des hémorroïdes, je ne pouvais plus m'asseoir à la fin »*, *« C'était terrible les fuites urinaires, et d'ailleurs, ça continue… »*, *« Mon mari a été complètement bloqué sexuellement pendant toute la grossesse, mais ça va mieux depuis l'accouchement* »… Mais chut, enfin ! Quand c'est vos copines, ça va, mais quand votre esthéticienne ou votre boulangère s'y met, on a envie de prendre ses jambes à son cou ! Sauf qu'enceinte, c'est pas facile…

« Et sinon, toi, ça va ? »

Enfin, retenez que pendant votre grossesse, les autres ne vont vous parler… que de grossesse. Vous, vous aimeriez bien commenter le dernier Scorsese, discuter de la Fashion Week ou de la prochaine visite du dalaï-lama : peine perdue, les autres vous ramèneront systématiquement à votre grossesse. Et le plus culotté, c'est qu'à la sortie du dîner, ils diront « *t'as vu, elle ne parle que de sa grossesse, pfff, relou les futures mamans, hein !* » alors que c'est eux qui vous ont bombardée de questions pour savoir où vous accouchez, si vous allez allaiter, si vous n'êtes pas trop fatiguée, si vous êtes contente que ce soit un garçon/une fille ou bien comment vous faites pour ne pas savoir, si ça se passe bien dans le boulot, si vous comptez continuer à travailler ensuite, si vous pensez que votre mec sera un bon père (super, la question), si vous n'angoissez pas trop pour l'accouchement, comment vous pensez le faire garder…

La liste est aussi longue que la grossesse, alors armez-vous de patience : vous vous en fichez, vous avez une armure de bonheur autour de vous ! Et puis même si c'est agaçant que la terre entière veuille se mêler de votre grossesse, c'est malgré tout agréable d'être le centre de l'attention pendant ces quelques mois. Et la plupart des bonnes âmes qui se mêlent de votre grossesse sont animées d'intentions bienveillantes et affectueuses à votre égard. J'ai bien dit la plupart !

En bref...

✳ Enceinte, fermez vos écoutilles et ne retenez que les conseils « pratiques » (dormir avec les jambes en l'air, quelle crème antivergetures semble bien fonctionner, etc.).

✳ Ne comparez jamais votre grossesse avec celle des autres : chaque femme vit la sienne de façon différente, et il n'y a pas de développement standard. Sinon, vous vous exposez à de nombreuses angoisses sans fondement.

✳ Écoutez-vous, écoutez-vous, écoutez-vous : votre corps vous envoie des signaux et vous prévient s'il manque de quelque chose.

Biberons contre nichons, le match !

Lorsqu'on arrive à mi-parcours de sa grossesse, se pose la question de l'allaitement. Envie, pas envie, ne se prononce pas ? Pour celles qui hésitent encore, voici quelques points de repère pour tenter de vous y retrouver. Pour Babychou mais surtout pour vous.

Si l'allaitement a été abandonné joyeusement par nos mères et le biberon vécu par elles comme une libération, notre génération, qui a le choix des armes, est souvent tentée de revenir à l'allaitement maternel, ressenti comme plus naturel. Mais lorsque nourrir son enfant au sein n'est pas une évidence dès le départ, mieux vaut réfléchir de façon pragmatique au sujet, pour ne pas avoir de regrets ensuite.

L'allaitement, la carte 100 % nature…

Le lait maternel est évidemment le plus adéquat pour les bébés. Tout d'abord, il s'adapte au fil des jours (et même des heures) aux besoins et à l'appétit de Babychou. Votre organisme gère de manière autonome les transitions vers un lait de composition différente au fur et à mesure que votre enfant grandit. Le lait maternel est réputé plus facile à digérer pour l'estomac des bébés. Il est aussi bourré d'anticorps, qui aident le système immunitaire de votre enfant à résister aux infections, comme les gastro-entérites. Cela ne veut pas dire qu'il ne les attrapera pas, mais il en viendra à bout plus facilement car son corps aura déjà les anticorps lui permettant de les éliminer.

Beaucoup de jeunes mères décrivent l'allaitement comme un moment de partage et d'échanges avec leur bébé. Donner le sein permet de prolonger la relation fusionnelle entretenue avec Babychou pendant la grossesse ; comme après l'accouchement, il ne fera que s'émanciper jusqu'à ses 25 ans (si tout va bien), profiter d'un peu de rab, c'est top !

La succion du mamelon par le bébé provoque des contractions de l'utérus, l'aidant ainsi à retrouver plus vite sa taille initiale (ça va quand même prendre un peu de temps, ne vous leurrez pas).

Enfin, côté pratique, le lait maternel, stérile et tiède, est prêt à consommer à tout moment. C'est le mode d'alimentation du nourrisson le plus économique, puisque vous continuez à manger pour deux. Et vous n'avez rien à transporter, à part vous, pour nourrir votre enfant : idéal pour se déplacer facilement en famille !

Certaines idées reçues sur la capacité des femmes à allaiter ont encore la vie dure. Si cela fait partie de vos angoisses, n'ayez pas peur de manquer de lait : le corps est bien fait, et lorsqu'on a l'impression qu'un enfant ne mange pas suffisamment, c'est souvent qu'il ne tète pas assez vigoureusement. Il faut alors peut-être le mettre au sein plus fréquemment, mais en aucun cas se culpabiliser : ce n'est pas de votre faute ! Le stress, la fatigue extrême, voire un choc psychologique, peuvent avoir un impact sur la production de lait : pour éviter cela, il est important de bien s'hydrater, de bien manger, de se reposer. Du bon sens près de chez vous, somme toute !

La taille des seins n'a rien à voir avec la production de lait, même pour plusieurs enfants. Si les seins sont petits à l'heure de la tétée, pas de panique, la stimulation du mamelon provoque la production de lait et vous le verrez jaillir bien vite.

Voilà pour les aspects positifs. Mais si le biberon a été adopté avec tant d'enthousiasme, c'est qu'allaiter son enfant représente une sacrée charge pour la jeune maman…

Mais quel boulot !

Vous ne pourrez pas vous éloigner plus d'une heure de Babychou. Peut-être deux si c'est un gros dormeur. Il est très difficile de mesurer ce que boit vraiment un bébé pendant une tétée, même si vous le chronométrez. Alors si Babychou se remet à hurler au bout d'une heure et demie, vous ne pourrez pas vous empêcher de penser que c'est parce qu'il n'a pas assez mangé. Et qu'il faut donc lui (re)donner le sein. Ce qui prend au moins

20 minutes (10 minutes par sein). Si vous faites le calcul sur une journée, ce rythme ne laisse pas beaucoup de temps libre à la jeune maman, et beaucoup souffrent de cet « enchaînement » à leur enfant pendant les premiers mois. Pour reprendre un peu de liberté de mouvement, vous pourrez tirer votre lait une fois que l'allaitement sera bien en place, mais cela représente une logistique compliquée et l'achat d'un matériel adapté. Sans compter que certaines sont rebutées par le côté « vache laitière » du tire-lait, et renoncent à l'utiliser.

Le tire-lait est pourtant bien pratique, car il apporte un soulagement immédiat si vos seins ont préparé le repas trop tôt, et c'est pratique, car vous pouvez stocker le lait 24 heures au frigo. Attention de ne pas tirer trop de lait d'un coup : votre corps ne fait pas la différence entre le tire-lait et Babychou, et comme il adapte la production à la demande, il passerait la seconde, côté fabrication, et vos seins n'y survivraient pas longtemps.

L'« asservissement » peut être encore plus pesant si vous atterrissez dans une maternité qui prône l'allaitement à la demande. Le principe : à chaque fois que Babychou pleure, paf, tétée. C'est-à-dire à peu près toutes les heures et demie / deux heures… Il prend alors l'habitude de se servir dans le frigo quand il veut. Pas évident ensuite de lui donner un rythme qui corresponde au vôtre. Les avis sur la question sont partagés : il est évident que si nous vivions toutes nues dans la savane et que nous chassions pour manger avec notre enfant attaché dans une peau de bête, la question de l'allaitement à la demande ne se poserait même pas. Mais dans nos vies modernes où l'on est censée (peut-être) reprendre un jour le travail, et un minimum de vie sociale et personnelle, l'allaitement à la demande est difficile à gérer sur le long terme.

D'autant plus que lorsque l'on allaite, il est déconseillé de donner une sucette (ou tétine) à Babychou. En effet, la succion du sein maternel est super crevante : pour récupérer sa pitance, il doit tout donner ! Alors quand il découvre qu'il existe un truc qui s'appelle le caoutchouc (ou la silicone) beaucoup plus amical avec son palais, il risque de ne plus vouloir prendre le sein ! Le passage au biberon devient alors obligatoire. Mais, qui dit pas de sucette dit pas de répit ! Les tout-petits ont un besoin de succion permanent : ils tétouillent l'air toute la journée, et avoir quelque chose de concret à téter les rassure beaucoup. La sucette pendant les 2 premiers mois de leur vie permet de passer ce premier cap, en attendant qu'ils trouvent leur pouce ou choisissent leur doudou. Vous pourrez à la place utiliser le bout de votre petit doigt, à condition de vous laver les mains toutes les 3 minutes et de ne pas vous éloigner de plus de 30 cm de Babychou... Pas très pratique. Alors si vous allaitez, il est possible que Babychou considère vos seins comme sa tétine et les réclame même quand il n'a pas faim...

L'allaitement est épuisant pour la jeune mère : que ce soit au milieu de la nuit ou avant votre dîner, c'est vous qui êtes de permanence. Pas de relais possible, et la fatigue s'accumule très (très) vite, sans parler de la nécessité de récupérer de votre accouchement. La succion répétée de vos mamelons entraîne parfois des crevasses très douloureuses. Astuce très utile à noter si vous décidez d'allaiter : le lait maternel a des vertus cicatrisantes ! Une petite goutte sur le bout des seins après la tétée répare la peau et limite les risques d'apparition des crevasses. Toujours pour éviter ces mêmes vilaines crevasses, inutile de vous laver la poitrine avant chaque tétée : si vous prenez une douche par jour, c'est amplement suffisant. Si malgré tous vos soins, des crevasses apparaissent, sachez qu'il existe des « bouts de sein » (oui oui, vous avez bien lu), à poser sur le mamelon, qui permettent de ménager votre peau délicate : cela fait partie des découvertes sympas que fera Chéri après votre accouchement en allant faire les courses à la pharmacie (bah oui, vous, vous serez en train d'allaiter).

Chéri, parlons-en ! Après la naissance de Babychou, il va tâtonner pas mal pour délimiter les contours de son nouveau rôle de père. Les repas et le sommeil représentant les trois quarts de la journée d'un nourrisson, il lui reste… les couches. Et le bain s'il est courageux, mais les hurlements des nouveau-nés lorsqu'on les déshabille puis les rhabille en refroidissent plus d'un. Cela ne lui laisse pas beaucoup d'espace, et surtout, cela ne vous laisse pas beaucoup de moments pour vous reposer !

Certaines disent que l'allaitement favorise la perte des kilos de la grossesse, puisque le corps puise dans les fameuses réserves accumulées pendant 9 mois dans vos fesses et vos cuisses pour fabriquer le lait. En théorie, sûrement… sauf qu'en pratique, la jeune mère qui allaite a les crocs ! Et elle continue donc à manger des repas costauds, et à s'autoriser des grignotages pour tenir la distance. Lorsqu'on allaite, tout régime est interdit, sous peine de créer des carences dans le lait que vous offrez à Babychou. Qui dit allaitement dit donc kilos à traîner pendant quelques mois supplémentaires quand on est une femme normalement constituée, et pas Angelina Jolie avec coach et nutritionniste à domicile. Quant à vos seins, ils continuent à faire le yoyo pendant cette période, avec forcément des conséquences sur leur tonicité, leur hauteur et leur fermeté à la fin de l'aventure. En même temps, leur fonction de départ, ce n'est pas d'être beaux, mais de fabriquer du lait… Tout est donc question de priorité !

Femme qui allaite = alimentation surveillée ! Comme pendant la grossesse, tout ce que vous avalez passe directement dans votre lait. Les épices, les goûts un peu forts le parfument, et il peut certains jours ne pas être au goût de Babychou. Quant à l'alcool… vous oubliez, hormis peut-être une demi-coupette de champ' pour Noël, au minimum trois heures avant la prochaine tétée. Autant dire, jamais… Et attention, tant que dure l'allaitement, la prise de médicaments est aussi surveillée que pendant la grossesse. N'avalez rien sans l'accord de votre médecin.

Parmi les indécises, beaucoup se demandent au bout de combien de temps on peut arrêter l'allaitement. Parce que si on commence et que ça se passe mal, comment on fait ? Alors… De 2 ans, pour les plus extrêmes, à 2 mois pour les plus détendues : les avis sont nombreux ! En gros, sachez que si vous démarrez l'allaitement, l'idéal est de le poursuivre au moins jusqu'aux 6 mois de l'enfant, ce qui est impossible en France avec notre congé postnatal riquiqui. Vous pouvez alors allaiter exclusivement 2 mois, et conserver ensuite les tétées du matin et du soir tant que vous avez encore du lait, en complétant avec des biberons dans la journée. Les plus indécises peuvent offrir à Babychou la tétée de bienvenue (joli nom, hein!), juste après l'accouchement : on vous l'installera sur le ventre, et il cherchera naturellement votre sein, d'où sortira du colostrum, une espèce de liquide jaune bourré d'anticorps, qui précède l'arrivée du vrai lait pendant quelques jours. Vous verrez bien à ce moment-là si vous appréciez et avez envie de vous lancer dans l'allaitement. Au moins, vous le ferez en connaissance de cause!

Dernier point sur l'allaitement : nos générations en ont oublié la posture naturelle, et une phase d'apprentissage sera nécessaire pour vous et Babychou. En fonction des maternités, vous serez plus ou moins bien encadrée dans vos premières tétées : si vous êtes larguée, demandez conseil à la sage-femme qui viendra (si vous le demandez) faire une visite postnatale chez vous pour s'assurer que vous et Babychou vous portez bien.

Le biberon, l'ami des mères qui ont la bougeotte!

Et le biberon, alors? Eh bien, le biberon, de l'avis unanime des jeunes mères qui l'ont adopté dès la naissance, c'est rassurant, car beaucoup plus pratique pour mesurer ce que Babychou mange. S'il hurle au bout d'une heure, après avoir englouti tout son bib, on sait que ce n'est pas la faim mais autre chose. Et donc on essaie autre chose : massage, promenade, câlin, sucette (parce que là, on peut, il ne risque pas de ne plus vouloir du biberon ensuite)…

Comme on sait ce que Babychou a mangé, c'est plus facile d'instaurer un rythme dans ses repas : en théorie, un bébé pas trop glouton qui a mangé une ration suffisante peut attendre 3 à 4 heures son repas suivant. S'il pleure avant, c'est soit parce que la taille de son biberon n'est plus suffisante et qu'il faut augmenter les doses, soit parce qu'il a mal au ventre. Du coup, c'est plus facile de faire évoluer son alimentation, puisqu'au lieu de l'imprécis chronométrage des tétées (qui ne permet pas vraiment de savoir ce qu'il a bu), vous avez une graduation claire et précise. Et votre pédiatre vous donnera des points de repère pour augmenter peu à peu les rations. Comme les repas rythment la journée de Babychou (et la vôtre), s'ils sont bien calés, les nuits suivront plus rapidement…

Si le lait maternisé n'est pas aussi parfaitement adapté que le lait maternel aux besoins de Babychou, les marques proposent aujourd'hui un éventail de laits différents en fonction des éventuels problèmes de digestion rencontrés par Babychou. Coliques, reflux… si un lait ne passe pas, vous pouvez en essayer un autre, et résoudre ainsi certains inconforts bénins, mais stressants pour les jeunes parents, et cause de moult hurlements fatigants. Attention, c'est le pédiatre de Babychou qui pilote son alimentation : son équilibre est délicat, les changements de lait doivent être discutés avec lui.

Et gros, gros avantage du bib, c'est que Chéri peut sans tarder profiter des repas pour nouer des liens étroits avec Babychou. Que ce soit au sein ou au bib, soyons claires, parent et bébé se regardent de la même manière dans le blanc des yeux, et à moins que vous ne le nourrissiez calé dans le canapé avec un annuaire pour maintenir son biberon, le contact avec votre corps est tout aussi enveloppant que pendant une tétée. Et du coup, pas de jaloux, vous pouvez vous relayer pour profiter de ces moments câlins avec votre enfant, et surtout, pour les biberons de la nuit, histoire que chacun puisse dormir au moins 5 heures d'affilée ! Et ça, ça pèse lourd dans la balance !

Le biberon vous permet aussi de récupérer votre vie plus rapidement. Passé les premières angoisses bien naturelles à la sortie de la maternité, quel plaisir de vous faire une soirée champagne avec vos copines sans culpabiliser ni garder l'œil sur la montre ! Vous pourrez aussi démarrer un régime, en suivant les recommandations de votre médecin pour ne pas entamer une diète sauvage néfaste pour votre organisme en pleine réorganisation. Et ça fait du bien au moral de voir l'aiguille baisser régulièrement sur la balance, après la spectaculaire perte de poids à la maternité.

Mais vraiment pas pratique...

Mais comme l'allaitement, le biberon comporte quelques gros inconvénients qui tempèrent le tableau. Comme son nom l'indique, ce n'est que du lait maternisé, et pas maternel, c'est-à-dire une copie plus ou moins réussie du lait produit naturellement par la femme : pas d'anticorps, pas d'adaptation au fur et à mesure aux besoins de Babychou. Dès son entrée dans la vie, il s'habitue déjà aux plats tout préparés au goût aseptisé.

Le lait coûte cher! À raison d'une boîte par semaine minimum, sachant que le prix de la boîte oscille entre 18 et 22 euros selon les marques, cela fait un gros budget sur le mois! Auquel il faut rajouter tout l'attirail des biberons, tétines, goupillons, éventuellement stérilisateur pour les plus angoissées… Si vous avez une petite cuisine, vous risquez de vous sentir à l'étroit avec tout ce matos à stocker! Je vous recommande vivement l'achat d'un arbre à biberons, ultra utile pour faire sécher les bibs et tétines de Babychou de manière hygiénique et pratique. Petit mémo pour celles qui n'auraient pas suivi l'actu du monde des biberons avant leur grossesse : depuis 2010, le bisphénol A est interdit dans la composition des biberons en plastique. Toutes les pharmacies proposent maintenant des biberons sans bisphénol A, voire encore mieux, en verre, que l'on peut mettre au lave-vaisselle… mais plus fragiles!

En plus d'être encombrant, le biberon oblige à être prévoyant. Pas possible de lui commander des sushis le dimanche soir si vous avez oublié de faire les courses : quand vous aurez fait une fois la tournée des pharmacies du département un dimanche à 18 h pour trouver une boîte de lait… vous en aurez toujours une d'avance dans vos placards!

Autre écueil du bib : il faut doser les repas. Alors, à 13 h, en possession de toutes vos facultés, pas de soucis : hop hop, on met 30 ml d'eau minérale pour une dosette de lait en poudre, trop facile! Mais à trois heures du matin, réveillée en sursaut par un bébé qui hurle de faim, préparer le biberon sans se tromper dans les quantités relève de la haute voltige. Il existe des doseurs pour préparer des rations à l'avance : indispensables pour les voyages et sorties, ils sont aussi très utiles pour économiser vos neurones lors de la préparation des nombreux biberons qui jalonneront vos jours et vos nuits.

Tout ça fait beaucoup de trucs à transporter quand on se déplace. Quand vous allaitez, hop, vous sortez avec vos seins. Facile. Quand vous donnez le biberon, il faut penser à emmener au moins un biberon, deux si vous n'êtes pas sûre de pouvoir le laver entre deux repas, un goupillon pour nettoyer lesdits biberons, des doses de lait, voire une boîte complète si vous partez plusieurs jours, de l'eau minérale, un stérilisateur (aujourd'hui, les maternités ne recommandent plus de stériliser les biberons, mais bon, à vous de voir…) : en gros, un plein sac à langer rien que pour le miam-miam. Et il vous faudra trouver un appareil pour tiédir le biberon si Babychou a une digestion difficile : de plus en plus de pédiatres recommandent de donner le lait à température ambiante, mais si vous accouchez en plein hiver, vous préférerez peut-être le tiédir pour qu'il soit plus digeste. En gros, le biberon, c'est une grosse logistique à gérer, qui oblige à vérifier trois fois avant de sortir qu'on n'a rien oublié…

Ah oui, et dernier détail concernant le biberon : même si vous savez d'ores et déjà que vous ne voulez pas allaiter, vos seins eux ne le savent pas, et en bons soldats, ils vont se mettre au boulot dès votre accouchement pour lancer la première montée de lait (qui survient 3 à 5 jours après la naissance). Il va donc falloir la stopper, cette montée de lait. Bah oui, on vous a expliqué quand même que l'allaitement c'était le processus naturel, donc si on n'en veut pas, il faut prendre des médicaments. Dès le lendemain de l'accouchement, on vous proposera sans doute des comprimés à avaler matin et soir pendant un mois (voire plus selon les femmes) pour que votre corps comprenne que non, on n'en veut pas de son lolo.

Vous y voyez un peu plus clair sur les avantages et les inconvénients des deux méthodes ? Gardez à l'esprit que vous pouvez attendre le dernier moment pour prendre une décision, et surtout que cette décision n'appartient qu'à vous. Si vous demandez conseil autour de vous, vous serez surprise de découvrir les avis très tranchés des hommes et des femmes, parfois culpabilisants chez les proallaitement. N'écoutez que vous, c'est vous qui nourrirez votre enfant, et c'est vous qui profiterez de votre allaitement ou le vivrez comme une contrainte pénible, en fonction de votre personnalité, de votre rapport à votre corps, de votre besoin plus ou moins urgent de retrouver du temps pour vous.

Chéri est un acteur important de la décision : c'est un sujet dont il est préférable que vous discutiez ensemble, car le bien-être de votre enfant vous concerne tous les deux. En revanche, cela ne regarde pas votre belle-mère ! Mais s'il est proallaitement et pas vous, fiez-vous à votre intuition. Même si lui vous serine que c'est mieux pour le bébé, si vous êtes convaincue que vous n'êtes pas faite pour allaiter, vous risquez de très mal vivre les contraintes de l'allaitement. Chéri ne pourra jamais se rendre compte de la fatigue et des efforts que les tétées exigent de la jeune mère, et puis ce ne sont pas ses seins qu'on utilise. En dernier ressort, cela doit rester votre décision.

En bref...

✱ Les avantages du lait maternel : toujours prêt à consommer, économique, aucun problème de logistique, parfaitement adapté (à condition de surveiller son alimentation), bourré d'anticorps, contact rassurant pour Babychou.

✱ Les inconvénients : pas de relais possible pour la jeune mère, très fatigant pour le corps, alimentation sous surveillance, régime interdit, sevrage stressant si reprise du travail rapide.

✱ Les avantages du lait maternisé : facile à doser, rassurant, gain de temps pour la maman, moins de fatigue et bébé rythmé plus rapidement.

✱ Les inconvénients : logistique compliquée, coûteux, pas toujours parfaitement adapté aux besoins nutritionnels de Babychou, nécessité d'un traitement pour stopper les montées de lait.

Le travail, c'est la santé. Et enceinte, ça donne quoi ?

La grossesse n'est pas une maladie, mais entraîne malgré tout des aménagements dans votre vie professionnelle. Petit point sur vos droits en tant que salariée et ce qui est prévu par la loi.

Comme nous l'avons déjà dit, rien ne vous oblige à déclarer votre grossesse à votre patron. Mais il n'est pas réaliste d'envisager de garder le secret jusqu'à votre départ en congé maternité : votre ventre vous trahira, et il n'est pas dans votre intérêt de cacher votre grossesse au-delà de 3 mois. S'il n'apprend pas votre grossesse par des rumeurs de bureau, vous maintiendrez de meilleures relations avec votre boss en lui laissant le temps de s'organiser. Prévenez-le par écrit, pour avoir une trace de la date à laquelle vous l'en avez informé.

Le droit du travail interdit à votre patron de vous imposer des heures supplémentaires et des travaux pénibles lorsque vous êtes enceinte. Toc.

Sur présentation de justificatifs médicaux, vous pouvez aller à vos examens médicaux obligatoires pendant vos heures de travail sans que celles-ci vous soient décomptées ou que vous deviez les rattraper. Retoc.

Une fois que vous avez annoncé votre grossesse, vous êtes invirable jusqu'à 4 semaines après la fin de votre congé maternité. Sauf pour faute grave, bien sûr ; et cela ne s'applique par sur les périodes d'essai. Si par coïncidence, votre patron vous licenciait avant d'avoir été informé de votre grossesse, vous pouvez demander l'annulation du licenciement en lui envoyant un courrier recommandé avec AR accompagné des justificatifs attestant de votre grossesse. Les prud'hommes vous donneront plus de renseignements sur les démarches à accomplir.

La plupart des conventions collectives prévoient des horaires de travail réduits pour les femmes enceintes pendant leur grossesse : renseignez-vous auprès des RH de votre boîte pour savoir à quoi vous avez droit. Et en plus, certaines conventions collectives prévoient des congés maternités plus longs que ceux prévus par la loi : youpi, vous allez peut-être pouvoir profiter de Babychou un peu pus longtemps après la naissance !

La durée légale du congé maternité pour les salariées en France est de 16 semaines pour un premier enfant, réparties ainsi : 6 semaines avant le terme théorique, et 10 semaines après l'accouchement. Si vous attendez des jumeaux, vous bénéficiez de 34 semaines : 12 semaines avant la date présumée de l'accouchement, et 22 semaines après. Bah oui, gros challenge les naissances multiples, tout de même, et sacrée logistique à mettre en place à l'arrivée.

Vous pouvez demander à reculer votre départ en congé jusqu'à 3 semaines avant la date prévue d'accouchement, mais devrez alors fournir un certificat médical attestant que vous êtes suffisamment en forme pour continuer à travailler. L'avantage : les semaines que vous ne prenez pas avant l'accouchement se reportent après, vous pourrez donc profiter plus longtemps de Babychou à la maison. L'inconvénient : à plus de 8 mois de grossesse, vous serez claquée, les déplacements vous seront pénibles, et vous risquez d'accoucher sans avoir eu le temps de vous reposer vraiment... Car attention, même si votre date de terme théorique vous semble encore lointaine (3 semaines, c'est le bout du monde), n'oubliez pas que Babychou peut naître 3 jours après votre arrêt du boulot. La non-transition sera alors sévère côté fatigue. Mais chacune son truc !

Ce congé maternité peut être étendu au début et à la fin par des congés pathologiques, les fameux « congés patho » dont vous avez déjà entendu parler à la pause café du bureau. « *T'as pris tes patho ?* » : beaucoup de femmes rallongent la durée de leur congé mat' en demandant à leur médecin de leur octroyer ces congés patho. Késaco ? Si l'état pathologique est justifié par la grossesse, votre médecin peut vous arrêter jusqu'à 14 jours avant la date prévue de votre départ en congé maternité. Si le congé pathologique concerne l'après-accouchement, votre congé postnatal peut alors être rallongé jusqu'à 4 semaines. Attention, le congé pathologique n'est pas un congé maternité supplémentaire, mais bien un congé maladie. Ce qui le définit reste flou et à l'appréciation du médecin : douleurs au dos, fatigue, contractions... c'est lui qui jugera si votre état nécessite de vous arrêter plus tôt que ne le prévoit la loi.

Et comment allez-vous être payée pendant votre congé mat'? Pour les salariées, la Sécu vous verse un forfait journalier : je ne vais pas essayer de vous expliquer comment ça se passe, ils le font très bien sur leur site web (www.ameli.fr/employeurs/vos-demarches/conges/le-conge-maternite/indemnites-journalieres.php). Une fois votre grossesse déclarée à votre employeur, vous remplirez et signerez un formulaire de subrogation à envoyer à la Sécu, afin que votre salaire soit compensé dès votre départ en congé mat'. Les indemnités ne compensent pas 100 % de votre salaire net, vous aurez donc un petit trou d'air pendant la période de votre congé mat', sauf si votre convention collective prévoit que votre employeur complète ce que vous verse la Sécu. Renseignez-vous vite pour anticiper!

Sachez enfin que Chéri aussi n'est pas oublié. Il a droit à 3 jours de congé pris en charge à 100 % par sa boîte au moment de la naissance, et la Sécu lui offre un congé paternité de 11 jours à prendre dans les 6 mois qui suivent la naissance, indemnisé dans les mêmes conditions que votre congé mat', sauf si sa convention collective prévoit le complément de son salaire pendant cette période.

Dernier point : ce n'est pas parce que vous êtes en congé mat' que vous ne cumulez pas de congés… Et que vous ne pouvez pas les perdre si vous dépassez la date de jouissance définie par votre employeur! Pensez-y avant votre départ en congé mat' : en fonction de ce qui vous reste à prendre, voyez si vous avez intérêt à poser des vacances avant votre date de départ, à les accoler à la fin de votre congé mat' pour profiter plus longtemps de Babychou, voire à demander de les décaler sur l'année suivante si votre employeur l'accepte.

Pour les plus prévoyantes, qui envisagent déjà de prolonger leur congé mat' par un congé parental, sachez que vous devez en faire la demande par courrier recommandé à votre employeur au plus tard un mois avant la date de fin de votre congé mat', 2 mois si vous décidez de ne pas enchaîner votre congé parental à la suite de votre congé mat'. Si vous êtes depuis plus d'un an dans l'entreprise, votre patron est obligé de l'accepter. Pas d'urgence donc à vous décider, vous pouvez vous laisser le temps de la réflexion. Sachant que Chéri a aussi le droit de le demander. De quoi alimenter vos discussions du dimanche soir !

En bref...

✳ Vous n'avez pas d'obligation légale de prévenir votre employeur de votre grossesse, mais mieux vaut le faire pour qu'il s'organise en vue de votre absence et profiter des avantages que vous offre la grossesse.

✳ La durée minimum du congé mat' pour les salariées à la naissance d'un premier enfant est de 16 semaines.

✳ Les congés patho, c'est pas automatique ! Parlez-en à votre médecin si vous vous sentez fatiguée ou souffrez de douleurs liées à la grossesse.

✳ Appelez le service RH de votre société pour vous renseigner sur la convention collective et faire le point sur la façon dont vous serez indemnisée. Boostez Chéri pour qu'il fasse de même pour son congé pat'.

Chéri(e), tu m'aimes ?

La grossesse est une période très enrichissante pour le couple, mais aussi sacrément remuante!

La grossesse provoque des sentiments contradictoires chez les futurs parents. La femme se replie sur cette petite vie qui grandit en elle, et rêve en souriant de promenades à trois, Papa derrière la poussette, Maman à son bras, et Babychou qui sourit à la vie.

L'homme est travaillé par le concept de « paternité » qui se profile derrière votre nombril arrondi, et rumine pendant 9 mois cette grande question : m'aimera-t-elle encore, après ? Car soyons honnêtes (nous sommes entre femmes) : nos hommes sont de grands enfants. Les plus performants d'entre eux savent ouvrir un lave-vaisselle et brancher un aspirateur, mais la plupart ont encore besoin que nous les maternions à l'occasion et nous occupions de leurs petits bobos. Ce que nous faisions de bon cœur jusqu'ici. Mais tout à coup, notre ventre et son occupant deviennent bien plus importants que leur rhume ou leur envie de câlin.

Pour Chéri, pas facile de suivre!

Pour bien comprendre Chéri pendant ces mois enchantés, il est important de se mettre à sa place. Vous avez fait crac-crac-boum, et hop, 3 semaines plus tard, vous lui annoncez avec des trémolos dans la voix qu'il va être papa. Et vous fondez en larmes, tourneboulée par les hormones. Depuis, vous semblez être en proie à une maladie grave et épuisante : vous avez des nausées, vous dormez tout le temps, vous êtes d'une humeur très instable, vous posez sa main sur votre ventre quand vous avez des gaz… bref, vous n'êtes pas du tout comme d'habitude! En plus de ses inquiétudes sur votre état (« *Est-ce normal qu'elle soit si fatiguée?* », « *Mange-t-elle assez pour le bébé?* », « *Ne devrait-elle pas rester plus tranquille?* »), Chéri réalise qu'au vu de l'attention que vous accordez déjà à votre ventre, cela ne va pas s'arranger quand Babychou sera là. Et lui dans tout ça?

Il est difficile de rassurer son compagnon sur la façon dont s'organisera votre vie de couple après la naissance, pour la bonne raison que vous-même n'en avez aucune idée. La meilleure façon de maintenir le dialogue et de ne pas laisser la grossesse vous éloigner l'un de l'autre, c'est de lui faire partager vos angoisses, de lui donner un maximum d'informations sur votre état, de lui expliquer les symptômes attendus au fil des semaines, afin qu'il ne s'affole pas si vous avez des contractions à 6 mois, de favoriser ses contacts avec le fœtus pour qu'il apprivoise cette nouvelle vie, qui lui semble encore très irréelle.

N'oubliez pas que pendant 9 mois, vous vivez avec la présence permanente de Babychou et vous communiquez sans cesse avec lui. Pour le père, c'est la place que vous lui laissez dans votre grossesse qui détermine sa capacité à concrétiser sa future paternité.

Mais qui est cette inconnue dans le corps de ma femme ?

Les humeurs de la femme enceinte sont aussi un sujet périlleux tout au long de la grossesse : la future mère peut être comparée à une ado en crise. Shootée aux hormones, elle oscille entre moral d'acier et crise d'angoisse, force intérieure et fragilité extrême. Pas évident pour Chéri de savoir si vous êtes dans un bon ou un mauvais jour : on peut même parler de « moment », car si souvent femme varie, constamment femme enceinte oscille ! Bon, ce n'est pas vraiment de votre faute, mais pour votre compagnon de route, c'est sport !

En plus de passer d'une humeur à l'autre sans crier gare, la future mère éprouve le besoin constant d'être rassurée. Et qui c'est qui s'y colle ? C'est Chéri. En temps normal, il est déjà soumis à rude épreuve, avec nos questions pièges comme « *Tu trouves que j'ai grossi ?* » ou « *Tu aimes ma nouvelle coupe de cheveux ?* », « *Que penses-tu de cette nouvelle robe ? Pas trop courte ?* ». Pendant 9 mois, il va vivre un marathon éreintant où il n'aura pas le droit à l'erreur ! « *Chéri, tu ne me trouves pas trop baleine ?* », « *Chéri, regarde mes genoux, ils ont enflé !* », « *Chéri, il se voit ce bourrelet sur la hanche ?* », « *Chéri, tu crois qu'elle va partir la cellulite après ? »*, *« Chéri, tu crois que mes seins vont vraiment rétrécir après ? »*, *« Chéri, tu crois que mon ventre est trop petit ? »*, *« Chéri, pourquoi tu la regardes comme ça cette blondasse ? Elle est mince, c'est ça ? »*, *« Chéri, je me sens grooooooooosse ! C'est aaaaaaffreuuuuuux ! »* Et que voulez-vous qu'il réponde à ça, Chéri ? Hein ?

La future mère a donc un énorme besoin d'empathie et de soutien. Deux qualités qui ne sont pas le propre de la gent masculine, souvent désemparée par des questions existentielles aussi profondes ! Plutôt que d'attendre de lui des réponses qui n'existent pas (il n'y peut rien à votre cellulite, Chéri), tentez plutôt d'aller au-delà et de décrypter avec lui ce qui vous angoisse derrière ces questions pour les désamorcer. Pour vous aussi, l'après-naissance est inquiétante : allez-vous être une bonne mère ? Saurez-vous rester une bonne amante / bonne working girl / bonne copine, en même temps que de devenir une bonne maman ? N'avez-vous pas peur d'être débordée ? Redoutez-vous de perdre votre pouvoir de séduction ? Chéri vous aimera-t-il malgré votre nouveau statut de mère et les changements de votre corps ?

Ces questions sont légitimes et naturelles, et Chéri est là pour vous permettre d'en parler, de formuler vos inquiétudes : il ne pourra pas toujours vous rassurer, mais au moins, vous n'êtes pas seule, et c'est déjà énorme.

Et ne perdez pas de vue que si vous êtes angoissée, lui est carrément en panique, rapport à la pression énorme que subissent les jeunes pères aujourd'hui. Non seulement on attend d'eux qu'ils fassent le même chrono que vous en changement de couches, mais en plus qu'ils soient tendres, autoritaires, solides, compréhensifs, qu'ils donnent le biberon si on veut mais pas leur avis sur l'allaitement, qu'ils nous respectent comme mère mais continuent à nous traiter comme une femme… Ne perdez pas ça de vue pour lui accorder patience et temps, et l'aider à trouver sa propre définition de la paternité.

« Chéri… Je n'ai pas mal à la tête ce soir ! »

Se pose aussi pour beaucoup de couples la question épineuse de la libido. Les premiers mois de la grossesse sont censés être une période faste pour les galipettes, la libido de Madame étant décuplée par les shoots d'hormones. Ça, c'est sur le papier. Dans la réalité, c'est un peu différent. Les femmes sont certes plus au taquet dans les premières semaines… sous réserve de ne pas être terrassées par les nausées ou la fatigue. Sans parler des seins douloureux, dont le moindre effleurement est insupportable ! Chéri va être déçu : ses copains lui auront tellement répété *« Tu verras, au début, elle en redemande sans cesse, ça va être ta fête »*… Comme quoi, il n'y a pas que les femmes qui omettent/oublient certains détails sur leur grossesse !

Les mois suivants, la libido des futures mères continue à être très éveillée (vive les hormones et l'hypervascularisation des organes génitaux externes), et vous aurez peut-être envie de faire l'amour souvent, voire plus souvent qu'avant votre grossesse. Le hic : les mouvements de Babychou sont de plus en plus perceptibles, ce qui paralyse beaucoup d'hommes. Peur de faire mal au bébé, peur de vous faire mal, ou encore sentiment d'une intrusion dans l'intimité du couple, parfois tout en même temps : pas évident de les rassurer là-dessus ! Et cela ne s'arrange pas au fil des mois, forcément. À compter de 7 mois de grossesse, le ventre est très (très) proéminent, chacun de vos déplacements requiert une énergie importante : tout ça limite sérieusement le champ des possibles, même pour les couples les plus motivés qui avaient gardé un bon rythme jusque-là.

Le souci, c'est que l'inhibition provoquée par votre grossesse chez Chéri peut être vécue de façon très blessante chez la femme enceinte. Une fois passé les premiers mois, vous vous sentez en meilleure forme, et vous avez besoin de vous sentir désirée pour être rassurée sur ce corps qui se modifie de jour en jour. Difficile alors d'encaisser les dérobades de votre partenaire, même si vous en comprenez les raisons. Il faut donc parler, parler, et encore parler, pour évacuer les tensions et vivre ensemble toutes ces transformations.

Si Chéri coince sur votre ventre, vous pouvez lui proposer des « câlins caresses », moins satisfaisants que le menu « entrée-plat-dessert », mais qui auront le mérite de vous détendre et ne pas laisser vos corps s'éloigner pendant la grossesse. Et à vous de prendre des initiatives : non seulement votre partenaire n'aura qu'à se laisser faire, ce que la plupart des hommes apprécient, mais en plus cela le rassurera sur votre désir à son égard…

« Chéri, on part en week-end ? »

En parlant de ne pas se perdre de vue, un truc important pour le couple dont on ne prend pas toujours conscience pendant la grossesse : PRO-FI-TEZ-EN pour passer du temps À DEUX ! Certes, votre ventre est déjà très encombrant et conditionne beaucoup de vos activités communes, mais cela ne présage en rien du cataclysme que représente l'arrivée d'un nourrisson : on ne peut pas l'imaginer tant qu'on ne l'a pas vécu.

Motivez-vous pour aller au ciné, partir en week-end, flâner aux terrasses des cafés, dîner chez des potes, faire des expos, parce qu'après… ce n'est pas que vous ne pourrez plus le faire, mais chaque loisir vous demandera en amont une organisation béton. L'aspect détente est tout de suite moins évident quand on doit négocier avec belle-maman pour qu'elle vienne garder Babychou, préparer des piles d'affaires « au cas où », écrire des mémos sur la manière de lui changer la couche / chauffer son biberon / lui faire des câlins / lui donner ou ne pas lui donner son doudou… Bref, cela vous demandera beaucoup de motivation et d'organisation pour prendre du bon temps !

Autre point important : depuis que vous vous connaissez, la principale préoccupation pour Chéri comme pour vous est de vous occuper l'un de l'autre et de cocooner ensemble quand bon vous semble. Ce qui est fort agréable, et vous laisse en plus le temps de vous occuper de vous-même, en vous octroyant des sorties avec vos bandes respectives, des moments pour vous chouchouter, vous faire les ongles, aller chez le coiffeur, prendre des cafés avec vos copines. Avec l'arrivée de Babychou, non seulement vous n'aurez plus une seconde à consacrer l'un à l'autre (du moins dans les premiers mois), mais en plus vous n'aurez plus une seconde à consacrer à vous-même. C'est un sacré bouleversement de passer d'une vie où, finalement, on peut être égoïstes à deux, à un quotidien où l'on ne pense plus qu'à Babychou. Vous verrez, c'est cool en fait, mais la période d'adaptation est un peu remuante.

Je vous rassure, au bout de quelque temps, on accepte mieux de confier Babychou à d'autres mains aimantes, et on récupère un peu de temps pour soi. Mais vous n'aurez plus jamais cette liberté de mouvement dont on ne réalise pas à quel point elle est confortable pour le couple tant que rien ne s'y oppose. Donc votre leitmotiv avec Chéri pendant votre grossesse sera : PRO-FI-TER !

En bref...

✳ Le futur papa est aussi bouleversé que vous par ce qui vous arrive, mais de manière plus abstraite. Aidez-le à comprendre votre grossesse et à communiquer avec votre « ventre ».

✳ Ne lui en voulez pas d'être réticent à faire des câlins, passé un certain stade, et prenez l'initiative si vous avez peur que votre vie sexuelle s'étiole.

✳ Chéri n'aura pas la réponse à toutes vos angoisses existentielles : essayez de discuter ensemble des sujets qui vous tracassent, aussi futiles semblent-ils.

✳ Offrez-vous des moments à deux, vous n'aurez plus beaucoup de temps à consacrer l'un à l'autre dans les mois qui suivront la naissance.

Les autres, mon ventre et moi

La grossesse vous donne un statut à part : vous portez la vie, vous devenez pendant 9 mois une « femme sacrée ». Enfin, pas pour tous !

À compter de l'annonce de votre grossesse, le regard des autres sur vous change. Vous êtes une future mère, vous êtes intouchable, vous êtes sacrée. Et cette considération augmente avec le volume de votre ventre : en fin de grossesse, vous incarnez une sorte de magicienne. Vous êtes une promesse ambulante, et donc fascinante.

Il est très agréable de découvrir les trésors de gentillesse et d'attention dont sont capables les autres en fin de parcours. On se précipitera pour vous libérer un siège dans le métro, on s'écartera avec respect dans la rue devant votre démarche dandinante, vous n'aurez pas le temps d'enlever votre manteau en arrivant chez vos amis qu'on aura avancé le canapé rien que pour vous… bref, vous vous sentez grosse et lourde, mais au moins, on vous traite en princesse ! Si vous vous offrez un week-end à l'étranger, vous serez peut-être surprise de la place accordée aux futures mères : beaucoup de cultures sacralisent la femme enceinte, la considèrent comme un porte-bonheur et un être à protéger coûte que coûte.

> « Euh, excusez-moi, pardon, auriez-vous l'amabilité de... enfin, c'est-à-dire que, enfin, pourriez-vous me laisser votre place ? »

Enfin, du côté de chez nous, ce n'est pas toujours le cas… Vous serez surprise des regards mauvais que vous lancent les gens (même les femmes !) quand vous usez de vos privilèges chez Ikea pour griller tout le monde à la caisse prioritaire. Bien sûr, vous êtes enceinte, on ne peut pas le nier, mais quand même, on vous fait sentir que vous êtes à la limite de l'abus de pouvoir ! Les caisses prioritaires des supermarchés sont une bonne plaisanterie : si vous n'écartez pas tout le monde en disant « *pardon, pardon, pardon, pardon* », vous constaterez que vous êtes devenue invisible le temps de faire vos courses ! Ou alors que toute la queue est frappée de paralysie oculaire et trouve passionnante l'affiche promo au-dessus de la caissière. C'est moche à dire, mais la plupart des gens préfèrent faire semblant de ne pas vous voir plutôt que de perdre 4 minutes en vous laissant passer spontanément ! *Idem* dans les transports où les âmes bien intentionnées sont rares, et où souvent, ce sera un vieux monsieur galant qui vous laissera sa place plutôt que son voisin qui regarde résolument par la fenêtre comme si sa vie en dépendait.

Vous ne le saviez peut-être pas, mais vous êtes aussi prioritaire aux queues de taxi, aux queues d'expositions, bref, dans toutes les queues possibles… Osez, osez, vous vous en fichez, vous êtes enceinte, vous avez tous les droits! Et puis ce n'est pas comme si ça allait durer éternellement. Parce que dès le lendemain de l'accouchement, où pourtant vous ne serez pas bien vaillante, pffft, terminés les privilèges!

Beaucoup de futures mères avouent ne pas oser couper les files avant d'être vraiment en fin de parcours et tenir à peine debout à cause de la rétention d'eau. Quel dommage! N'oubliez pas qu'il vous est déconseillé de rester trop longtemps debout : n'ayez alors aucun scrupule, même si votre ventre n'est pas encore très proéminent. Et programmez-vous des tonnes d'expos après le début de votre congé mat' : votre ventre fait office de coupe-file pour vous et pour la copine qui vous accompagne. Super, non?

« Mais tu bois une demi-gorgée de champagne? Espèce d'inconsciente! »

Une autre interaction est caractéristique de la grossesse. On l'a dit, vous devenez sacrée et intouchable aux yeux des autres. Mais du coup, ils sont intransigeants avec vous pour que vous aussi respectiez ce caractère sacré et intouchable! Malheureuse, vous avez osé boire une gorgée de champagne pour fêter le nouvel an dignement?! Oh! vous allez en entendre parler! Enceinte de 8 mois, vous avez décidé, contre vents et marée, de faire ces 6 heures de voiture pour aller au mariage de votre cousine Nini parce que vous l'adorez : vous allez en entendre parler ! Et pas par votre médecin, qui vous avertit des risques potentiels, mais n'est pas là pour vous fliquer. Par vos parents, amis, collègues… Bref, vous ne pourrez plus bouger un orteil sans subir de commentaires « avisés ». « *Tu devrais te reposer* », « *Ce n'est pas très raisonnable tout de même* », « *Quoi ? Tu es venue à pied ?* », « *Une gorgée de vin, oh, la bonne blague* ». Leurs remarques sont motivées par le souci qu'ils ont de votre bien-être, mais parfois, vous avez juste envie d'envoyer bouler tout le monde et de mener votre barque comme vous l'entendez, après tout, vous êtes une grande fille quand même.

Oh, et tout le monde va vouloir toucher votre ventre ! Mais quand je dis tout le monde, c'est TOUT le monde ! Avant même de vous faire la bise, vos proches caresseront votre ventre. Ça, encore, ça va, vous êtes « proches ». Quoique, vous aimeriez bien qu'on vous demande avant, quand même… Mais quand la nouvelle stagiaire vous demande à la machine à café si elle peut « toucher », que votre esthéticienne vous demande si elle peut « toucher », que la femme de Tartampion rencontrée il y a 10 minutes à un dîner vous demande si elle peut « toucher », que votre voisine de bus vous demande si elle peut « toucher »… à la longue, ça fait beaucoup ! Et le problème, c'est qu'il n'y a pas beaucoup de façons de leur dire « non » sans être désagréable. Vous pouvez tenter un pieux mensonge (« *Je ne préfère pas, j'ai le ventre très tendu depuis ce matin* »), mais cela ne marche qu'une fois. Quant aux gens qui posent la main sans même vous demander (diantre, qu'ils sont nombreux!), vous pouvez vous reculer d'un pas, montrant par là que votre ventre vous appartient encore, même s'il abrite un petit squatteur.

Ce côté mascotte est malgré tout très sympathique, c'est agréable d'être le centre de l'attention et des attentions. La sensibilité de chacune est différente, à vous de montrer aux autres où est votre limite!

En bref...

✷ Enceinte, vous êtes prioritaire, alors imposez-vous ! Vous avez l'avantage du poids, en plus.

✷ Vous serez sacrée, mais aussi scrutée ! Prenez vos distances par rapport aux remarques qui se multiplieront au fil des mois.

✷ Tout le monde va vouloir vous toucher le ventre, gardez les mains dessus pour marquer votre territoire !

Enceinte, à l'ouest tu seras !

Enceinte rime avec distraite, à l'ouest... bref, vous allez passer 9 mois à côté de vos chaussures!

La grossesse ne provoque pas que des bouleversements visibles. Les hormones, l'incroyable effort fourni par votre corps pour faire grandir Babychou dans votre ventre ont des répercussions sur votre comportement également.

« Euh, vous pouvez répéter la question ? »

Enceinte, vous vous sentez souvent distraite, ailleurs. En réunion, vous décrochez de l'intervention passionnante de Boboss pour laisser vos pensées vagabonder du côté de votre nombril, et êtes bien incapable ensuite de faire votre compte rendu. Vous entrez dans une pièce et n'avez plus aucune idée de ce que vous vouliez y faire. Au distributeur de billets, vous récupérez votre carte bleue… mais pas vos billets! En pleine conversation avec une amie, vous êtes tout à coup incapable de vous souvenir du prénom de son mari, que vous connaissez pourtant depuis 10 ans. Vous avez des blancs, des absences. Vous me direz que cela vous arrive déjà en temps normal, mais pendant la grossesse, cela prend des proportions… singulières!

Les Américains ont un joli nom pour ce phénomène : ils l'appellent « pregnant brain » (cerveau enceint), tant il est vrai que le cerveau de la future mère ne fonctionne pas sur le même voltage que celui des autres femmes. Vous zappez des rendez-vous, oubliez vos clés, vexez des gens en oubliant à la seconde ce qu'ils viennent de vous expliquer… C'est normal, même si Chéri s'alarme de l'état de vos neurones!

Imaginez que votre corps est un ordinateur : vous travaillez sur des documents, avez des programmes ouverts, surfez sur Internet, bref, votre machine fonctionne comme à l'ordinaire. Mais vous la trouvez très lente, vous avez envie de donner un coup de pied dans l'unité centrale : c'est normal, vous avez lancé une analyse antivirus qui épluche un à un tous vos fichiers. Et cela ralentit considérablement le processus, voire occasionne des plantages.

C'est la même chose avec le fœtus : il n'a heureusement rien à voir avec un antivirus, mais ses interactions avec votre organisme dont vous n'avez pas conscience pompent jour et nuit dans votre énergie comme une usine à gaz. Votre cerveau, en plus de gérer les tâches quotidiennes, doit aussi s'occuper de superviser vos échanges avec le bébé, checker vos réserves pour réclamer du calcium ou de l'eau si vous ne vous approvisionnez pas suffisamment, bref… il a un gros dossier à gérer en plus de votre vie habituelle! Alors forcément, de temps en temps, ça bogue. J'aimerais pouvoir vous rassurer en vous disant que cela s'arrange après l'accouchement, mais le « pregnant brain » est remplacé ensuite par le « young mummy brain », pas beaucoup plus brillant, et qui persiste jusqu'au mariage des enfants.

« Mais pourquoi tu pleures ? » Bah, j'aimerais bien le savoir...

Cette distraction est entretenue par nos amies les hormones (encore elles), qui exacerbent notre émotivité tout au long de notre grossesse. Chacune a ses propres réactions, mais il est vrai qu'enceinte, nous sommes beaucoup (beaucoup) plus sensibles… à tout ! Un sourire d'enfant, un reportage sur la faim dans le monde, une pub pour des compotes avec une musique sucrée, une réflexion de notre Boboss, nous sommes au bord des larmes pour n'importe quoi sans qu'on puisse rien y faire : regarder *Bambi* ou un film d'horreur pendant sa grossesse relève de l'opération kamikaze.

Notre capacité à gérer nos émotions est réduite à néant, et ce n'est pas toujours facile pour nos proches de savoir comment nous prendre. Ces émotions incontrôlées accentuent nos difficultés à nous concentrer, exacerbent les émotions, bonnes ou mauvaises : vous aurez le sentiment d'être un (gros) yoyo.

Heureusement, votre entourage sera indulgent avec vous. Il est acquis qu'une future mère est fragile, dans tous les sens du terme, et la plupart des gens essaieront de vous éviter trop de gymnastique émotionnelle pendant votre grossesse. Le principal problème, finalement, c'est vous : un jour un moral de battante-guerrière-la-vie-est-belle, et le lendemain au fond du seau, ce n'est pas toujours facile à gérer. Pas de recette miracle, si ce n'est dormir un maximum, tant que vous y arrivez, et relativiser vos sautes d'humeur : ce n'est pas de votre faute, c'est celle des hormones ! C'est à Chéri qu'il va falloir expliquer cela… Parce que lui, il est en première ligne pendant ces 9 mois !

Les risques du métier…

En plus des désordres hormonaux liés à la grossesse, vous aurez aussi à gérer des problèmes d'équilibre. Des vrais. Eh oui, au fur et à mesure que votre ventre sort et que vous prenez du poids, votre centre de gravité se déplace : les sages-femmes et les médecins recommandent de faire des exercices simples pour éviter d'exagérer votre cambrure et prendre conscience du transfert de poids. Abusez de ces petits exercices de rétroversion du bassin pour soulager votre dos en fin de grossesse et stabiliser vos appuis. Ils limitent aussi votre tendance à marcher comme un canard obèse, même si, ne vous leurrez pas : quoi que vous fassiez, à partir de 8 mois au plus tard, vous marcherez en canard ! Et cela pour vous punir d'avoir ricané au passage de toutes les femmes enceintes marchant comme des canards obèses croisées dans votre vie d'avant la grossesse.

Vos gestes seront modifiés et votre façon de vous déplacer aussi. La perception de notre encombrement dans l'espace n'évolue pas aussi vite que la taille de notre ventre, ce qui entraîne moult chocs dans les portes, les coins de table, et de manière générale, tous les objets entre lesquels vous essaierez de vous faufiler. Attention aux bleus, donc! Et si vous circulez en métro, n'oubliez pas de vous mettre de profil pour passer les portillons…

Pendant cette période, vous serez de surcroît très maladroite : rassurez-vous, et rassurez Chéri, toute femme enceinte a passé la fin de sa grossesse avec de grosses taches d'huile/yaourt/compote/dentifrice sur le devant de ses T-shirts, c'est inévitable! Cela prépare aux taches de lait caillé sur l'épaule pour l'après-naissance. Vous laisserez tomber vos couverts, casserez des verres, trébucherez sur le trottoir, comme les adolescents qui connaissent des poussées de croissance : embarrassés par leur corps, ils se cognent dans les marches, ratent leur tabouret et manquent les portes. C'est tout pareil pour la femme enceinte dont le ventre « neufuple » de volume. Tout de même!

Enceinte, gare aux chutes! Ne vous amusez plus, passé 5 mois de grossesse à courir après le bus ou à monter les escaliers quatre à quatre (enfin, deux à deux c'est déjà pas mal…). Vous ne voyez plus vos pieds, et votre ventre vous entraîne vers l'avant, vous êtes donc sujette aux chutes bêtes. Genre rater la marche du trottoir, glisser dans une flaque, perdre l'équilibre à la suite d'une légère bousculade… Redoublez de vigilance pour ne pas vous faire mal. Gardez à l'esprit que, sous l'effet des hormones, vos ligaments se relâchent[1], et que l'entorse

---

1. *Source : Lettre des actualités périnatales du Languedoc-Roussillon*, 4ᵉ trimestre 2004, « L'imprégnation hormonale de la femme enceinte responsable d'une hyperlaxité ligamenteuse et des modifications dans les contraintes articulaires ».

vous guette à chaque faux pas. Rangez cette paire de talons aiguilles, malheureuse, vous n'avez pas envie d'accoucher avec une attelle à la jambe ?

Prenez garde également aux risques de brûlure en faisant la cuisine ou le repassage. Bah oui, avant, vous ne vous posiez pas de questions pour vous pencher au-dessus des plaques de cuisson et attraper l'huile au-dessus de la hotte alors que vous faisiez chauffer des pâtes. Sauf que... lorsque vous répétez le même mouvement avec un gros ventre, ledit ventre appuie sur la casserole. Et le temps que votre cerveau vous envoie un signal d'alerte, vous aurez déjà une belle trace de brûlure au niveau du nombril (qui fera bien rigoler votre sage-femme). Femme avertie en vaut deux !

Dernier point important : enceinte, vous serez tout le temps en retard. Parce que vous êtes un peu étourdie, oui, mais aussi et surtout parce que votre vitesse de déplacement se réduit de semaine en semaine. Plus votre ventre grossit, et plus vous marchez lentement (et en canard), c'est mécanique. Un peu comme si vous aviez en permanence un élastique de gym entre les deux chevilles, qui se durcit au fil des mois. Le hic, c'est que votre cerveau n'intègre pas ce paramètre dans son calcul rationnel de vos temps de transports. Et comme il est inenvisageable de courir, ou même simplement de marcher vite avec un gros ventre, vous arriverez à la bourre à tous vos rendez-vous ! Sauf si vous réussissez à piéger votre cerveau, et vous imposer comme discipline de partir au moins 10 minutes plus tôt que ce qui vous semble raisonnable.

En bref...

✳ Le « pregnant brain » touche toutes les femmes enceintes : ne vous inquiétez pas si vous oubliez l'anniversaire de Chéri, c'est la faute aux hormones.

✳ Vous serez très émotive pendant 9 mois, ne sous-estimez pas vos réactions, et ménagez-vous ! C'est la faute aux hormones.

✳ Attention à vous, votre corps est différent, votre équilibre précaire et vos ligaments ramollos. C'est la faute aux hormones.

✳ Vous serez lente… et vous n'y pourrez rien, alors anticipez. C'est la faute à votre gros ventre.

Préparer l'arrivée de bébé, un vrai casse-tête !

Un bébé, cela demande une sacrée organisation après la naissance... mais ça démarre pendant la grossesse pour ne pas se laisser déborder !

Avec l'arrivée de Babychou, votre vie va changer. Ça, vous vous en doutez. Mais ce que l'on imagine moins, c'est la quantité pharaonique de choix à faire avant la naissance, et l'impact que ces décisions auront sur votre vie pendant les premiers mois de votre enfant !

Par quoi on commence ?

Première chose à garder en tête avant de se lancer dans les réflexions et études en matériel de puériculture : discutez-en avec Chéri. Cela peut vous sembler évident, mais nombreuses sont les futures mamans qui feuillettent les catalogues et épluchent les forums de jeunes parents pour établir la liste des produits à acheter, et qui présentent ensuite le truc à Chéri comme « *C'est ça qu'il faut qu'on achète et pas autre chose* ». Lui n'aura pas envie de vous contrarier (vous êtes enceinte) et donc il acquiescera sans avoir été associé à votre réflexion. Et c'est dommage, car choisir ensemble le lit de Babychou et sa table à langer, c'est rendre encore plus concrète son arrivée prochaine dans vos vies. Et l'esprit pragmatique d'un monsieur peut s'avérer très utile pour définir d'autres critères de choix de la poussette que la couleur de la capote ou la branchitude du sac à langer qui est vendu avec…

Le sujet est tellement vaste qu'on va commencer par récapituler les basiques, les trucs incontournables. Babychou aura besoin :

- d'un lit pour dormir,
- d'une table à langer,
- d'un transat (une espèce de mini-chaise longue pour siroter ses cocktails),
- d'une poussette,
- d'un cosy ou d'une coque pour le transporter en voiture,
- d'un tapis d'éveil,
- d'un porte-bébé.

Ça, vous n'y couperez pas, commencez par vous en occuper, et après vous pourrez vous amuser avec le superflu s'il vous reste du budget et du courage pour arpenter les magasins. Afin de vous clarifier les idées, voici un petit tour des trucs utiles pièce par pièce.

La chambre de Babychou

Commençons par l'endroit où Babychou passera le plus de temps les premiers mois : sa chambre ! Ikea vend de très bons lits à barreaux, simples et efficaces, pour moins de 80 euros, et vous pouvez acheter le mobilier assorti dans les mêmes gammes de prix. Ça, c'est la solution pas prise de tête ; les lits Ikea proposant en plus la seule option vraiment indispensable pour un lit de bébé : la possibilité de régler la hauteur du sommier en fonction de l'âge de votre enfant. Cela vous évitera de vous casser le dos les premiers mois, et vous permettra de transformer son lit en miniparc quand il se tiendra debout.

Mais vous pouvez si cela vous amuse pimenter vos recherches, et tenter de choisir entre le berceau, le lit modulable, le lit banquette, le lit de 120 cm, le lit de 140 cm, le lit avec les barreaux qui s'enlèvent partiellement, le lit à roulettes, le lit à bascule… Il y en a pour tous les goûts et tous les budgets ! Il existe des berceaux magnifiques dans le commerce, il faut un peu de place mais c'est vrai que ça en jette : avant de dépenser un mois de salaire pour vous l'offrir, gardez à l'esprit que Babychou n'y dormira que 3 mois environ avant de passer à un vrai lit. Quant aux berceaux de famille, formidable si vous pouvez récupérer celui dans lequel vos aïeux ont fait leurs premiers « areuh », mais attention aux vieilles peintures au plomb ! Pensez à le décaper et à lui offrir une deuxième jeunesse avec des peintures sans solvants, adaptées à une chambre de bébé. Et surtout, demandez à Chéri de se charger de ces travaux manuels car, enceinte, c'est plus que déconseillé de respirer des vapeurs de peinture et de produits chimiques. En voilà un qui va être content que tante Roberte ait conservé le berceau de famille !

Si vous optez pour le lit à barreaux, penchez-vous sur la question des réducteurs de lit. Après la naissance,

Babychou, qui a passé 9 mois bien comprimé dans votre utérus, va être un peu paumé sans parois autour de lui. Le coucher dans un petit nid dans son lit sera rassurant pour lui puisque ses mains pourront atteindre le réducteur au moindre mouvement. Des nuits plus calmes en perspective pour toute la famille, et l'habitude prise plus vite pour lui de dormir seul. Il en existe plein de modèles dans le commerce, mais vous pouvez aussi très simplement rouler des serviettes en boule sous les draps et créer ainsi un petit cocon. Attention, il est indispensable de ne RIEN mettre dans son lit qui puisse tomber sur le visage de Babychou. Si vous choisissez un tour de lit, vous veillerez à bien l'accrocher. Les couvertures sont à proscrire, de même que les peluches volumineuses, qui pourraient lui tomber dessus pendant son sommeil.

Il vous faut aussi absolument un endroit où changer votre enfant. Non, malheureuse, votre lit ne fera pas l'affaire : vous allez changer les couches au moins six fois par jour les premiers temps, sans parler des sessions d'habillage/déshabillage/massage/crémage… bref, la table à langer, c'est un peu le fauteuil club de Babychou, et il est important qu'elle soit à la hauteur de votre nombril plutôt que de vos genoux si vous voulez préserver votre dos. En plus d'être haute, la table à langer que vous fabriquerez/achèterez doit être large d'au moins 80 cm, avoir des rebords ou de l'espace des deux côtés pour éviter les risques de chutes de Babychou lorsqu'il commencera à gigoter, et avoir de la place pour ranger les couches/crèmes/cotons et tous les ustensiles nécessaires à sa toilette.

Sachez que la plupart des magasins de puériculture, que ce soit sur Internet ou en boutique, ont des délais assez importants de fabrication, souvent de 6 à 8 semaines. N'attendez pas les premières contractions pour vous occuper de ses meubles, sinon Babychou pourrait dormir dans un tiroir à son retour à la maison ! Non, je vous rassure, pour les retardataires, on peut louer en pharmacie des berceaux en plastique, les mêmes qu'à l'hôpital…

La salle de bains (ou en tout cas le coin toilette de Babychou)

L'idéal pour donner le bain de Babychou est d'avoir une petite baignoire en plastique qui se met dans votre grande baignoire ou votre bac à douche. Si vous avez une salle d'eau trop petite, il existe des tables à langer deux en un, avec baignoire intégrée sous le plan de change, très pratique. On trouve aussi de petites baignoires pliables, hyperfaciles à ranger et à transporter, pour moins de 40 euros (www.eveiletjeux.com). À partir d'un mois ou deux, quand Babychou commencera à tenir un peu mieux sa tête, vous pourrez alors l'installer dans un petit transat de bain : choisissez-le en plastique plutôt qu'en éponge, ça vieillit mieux, et pas de problème de séchage entre deux bains.

Il existe des tonnes de produits différents pour prendre soin de la peau de Babychou, et surtout de ses fesses, soumises à rude épreuve avec le contenu abondant et corrosif de ses couches. Prévoyez donc bien sûr des couches, de petite taille. Il en existe des jetables pas écolos, des jetables écolos (on en trouve sur Internet à des prix raisonnables maintenant), et des lavables. Pour les futures mamans vertes, les couches lavables nécessitent une grosse organisation pour les laver au fur et à mesure… et stocker leur contenu au fur et à mesure. Elles sont réservées aux plus motivées !

Détail qui n'en est pas un : la poubelle à couches ! Vous pensiez peut-être jeter négligemment les trophées de Babychou dans une petite corbeille design assortie à votre mobilier. Si vous voulez que vos voisins appellent un jour la police, affolés par les effluves qui se dégagent de votre appartement, vous pouvez faire ça. Sinon, il existe des poubelles à couches fermées, qui limitent la diffusion des odeurs : cela ne coûte pas grand-chose, et vous évitera de dépenser des fortunes en bougies parfumées pour masquer les relents des couches de Babychou. Parce qu'on ne dirait pas comme ça, mais ces petits machins pondent des trucs incroyablement odorants ! Il existe des sacs à couches en plastique, très efficaces mais vraiment pas du tout du tout écolo. Le meilleur moyen de ne pas laisser les odeurs s'installer, c'est encore de vider la poubelle tous les jours, voire toutes les heures…

Vous pouvez aussi investir dès maintenant dans des ciseaux à ongles ARRONDIS : ne les choisissez pas droits, c'est déjà tellement compliqué de couper les ongles à un tout-petit qu'avec des lames droites, vous lui feriez sans le vouloir des lames de rasoir au bout des menottes. Pas top pour son visage. Côté beauté, achetez une petite brosse à poils tout doux : il n'aura que trois poils sur le caillou pendant quelques mois, mais quel pied de coiffer sa houppette !

Prévoyez une crème pour le change : vous aurez l'embarras du choix. Pour la peau de Babychou, on ne peut que recommander de choisir les produits les plus naturels possible. Idem pour le savon et le shampooing : choisissez des produits adaptés aux nouveau-nés et à leur peau très fragile.

Quant au nettoyage, à proprement parler, des fesses de Babychou, vous avez le choix entre des laits nettoyants, des lingettes imbibées de lotion nettoyante ou plus simplement du coton et de l'eau. Le problème des lingettes, c'est qu'en plus de ne pas être écolos, les produits qu'elles contiennent irritent la peau à la longue et peuvent favoriser l'apparition de l'érythème fessier. *Idem* avec les laits ou lotions nettoyantes. Vous ne savez pas encore ce qu'est l'érythème ? Rassurez-vous, vous aurez l'occasion de vous familiariser avec ces plaques rouges à vif sur les petites fesses de Babychou au cours de sa première année… Pour limiter au maximum les agressions de la peau sur cette zone sensible, l'idéal est de nettoyer avec un coton imbibé d'eau, de bien sécher, puis d'appliquer sur les fesses une couche de liniment oléo-calcaire, une espèce de liquide très gras et très hydratant complètement naturel, à base d'huile d'olive. Ça ne sent pas bon, mais c'est ultra-efficace pour prévenir les irritations. Vous en trouverez en pharmacie, entre 10 et 15 euros la bouteille (qui dure au moins 2 mois), beaucoup plus économique que les lingettes.

La peau de Babychou vous dira merci. Et en plus, vous pouvez utiliser le liniment pour lui faire des massages : il va adorer cela !

La cuisine de Babychou

Si vous allaitez, RAS côté cuisine jusqu'au sevrage.

Si vous avez choisi le biberon, votre cuisine va être un peu envahie. En plus des boîtes de lait, que vous choisirez en fonction des recommandations du pédiatre de la maternité, vous devrez donc acheter au moins deux biberons munis de tétines premier âge. Il existe de nombreuses formes différentes de biberons et de tétines : difficile de donner une recommandation précise, chaque enfant ayant sa préférence. Si vous optez pour des biberons en plastique, choisissez-les impérativement sans bisphénol A. Idem si vous profitez des soldes pour acheter des mini-Tupperware pour ses futures purées : n'achetez que des produits garantis sans bisphénol A.

Le stérilisateur est un sujet qui agite les générations. Nos mères ne pouvaient concevoir de donner un biberon qui n'ait pas été dûment stérilisé, alors qu'aujourd'hui, les pédiatres ne conseillent plus de stériliser, et encouragent le contact pour Babychou avec un environnement « normal ». Cela ne veut pas dire qu'il ne faut pas laver soigneusement et tout de suite son biberon et sa tétine après un repas, mais pour le stérilisateur… à vous de voir quand vous y serez.

Dernier achat très utile si vous faites vos courses « Babychou » pendant une période de soldes : l'achat d'un robot mixeur spécial purées de bébé. Deux modèles trustent le marché : le Babycook, de Beaba, et le Petit Chef, de Terraillon. Ils ont chacun leurs avantages, même si beaucoup de jeunes mamans plébiscitent le Babycook. Il est en effet ultrasimple d'utilisation et permet de faire des quantités importantes quand vous enfilez votre tablier (et donc de surgeler vos purées pour les jours où vous n'aurez pas le temps de vous y mettre). Seul bémol : sa taille. Il est assez volumineux, et pour un objet qui reste à poste la plupart du temps, ce n'est pas idéal dans une petite cuisine. Le Petit Chef est plus sophistiqué, il permet de réchauffer des petits pots, et propose plus d'options de cuisine. Il est également très compact, et on peut l'emmener en week-end dans sa petite mallette très pratique. Gros défaut : sa petite taille limite la quantité de légumes que l'on peut cuire, et ne permet de préparer qu'une seule portion à la fois.

Le salon de Babychou (enfin, le vôtre, mais vu la quantité de bazar qui va arriver avec lui, ce ne sera bientôt plus que le sien)

Dès que Babychou commencera à y voir quelque chose, donc à partir de 2 mois environ, il sera très heureux si vous l'installez sur un tapis d'éveil. Késaco ? Un tapis pour le poser sur le sol (de préférence sur de la moquette ou un tapis plutôt que direct sur le carrelage, faut pas pousser quand même), avec des arches où des joujoux souriants sont suspendus. Souvent, le tapis est lui aussi agrémenté de papier crissant, de miroirs et autres aspérités qui attirent l'œil de Babychou et lui donnent envie de bouger pour aller voir de plus près de quoi il retourne. Les jouets suspendus constituent de bons objectifs pour l'aider à prendre conscience de ses mains (jusqu'à 3/4 mois), il se demande ce que sont ces gros machins qui passent et repassent sans cesse devant son visage.

Et dès qu'il tiendra à peu près sa tête, vous pourrez l'installer dans un transat. Ça, c'est vraiment super, car cela lui apprend à regarder le monde ailleurs que depuis vos bras, et vous, ça vous permet de le poser en sécurité quelque part pendant que vous vaquez à vos occupations à côté de lui. Il existe des tonnes de modèles : un point vraiment important est de vérifier que le transat peut se balancer, grâce à votre pied ou aux mouvements de Babychou. Ainsi bercé, il acceptera mieux de ne pas être dans vos bras.

Les sorties de Babychou

Tous les futurs parents se sont posé cette grande question existentielle, et en apparence insoluble, vu la quantité de modèles proposés : quelle poussette choisir ? Avec plein de questions annexes et tellement prises de tête : nacelle, cosy ou coque ? Deux ou trois roues ? Deux poignées ou une poignée ? Face à moi ou face à la route ? Compacte ou confortable ? Chère ou pas chère ? C'est un vrai casse-tête, chaque marque défendant sa spécificité comme si la vie de votre enfant en dépendait… Pour tenter de vous y retrouver, voici quelques repères importants.

Une bonne poussette est LÉGÈRE et COMPACTE ! C'est vous, jeune maman fraîchement accouchée, qui devrez la soulever pour monter les escaliers de votre immeuble, prendre le bus ou le métro, slalomer entre les crottes de chien et les voitures sur les trottoirs près de chez vous pour les premières sorties de Babychou. Si vous vivez à la campagne, et pensez emmener Babychou faire de longues balades dans les sentiers, une poussette trois roues version cross est préférable aux traditionnelles quatre petites roues motrices.

Elle doit également se déplier et se replier facilement, et surtout, une fois repliée, ne pas être trop encombrante. Posez-vous la question de savoir où vous pourrez la ranger pour ne pas choisir une limousine si vous vivez dans un deux pièces sans entrée.

Une fois posé ces règles de base, il convient de s'interroger sur le modèle qui vous ressemble. Il existe deux possibilités.

- La poussette canne améliorée, avec un hamac qui s'allonge complètement, et qui peut accueillir Babychou dès la naissance. Eh oui, le dos des tout-petits n'étant pas très costaud, il est très important de choisir des modèles adaptés à leur morphologie ! Peu de marques proposent cette solution : elle est parfaite si vous ne circulez jamais en voi-

ture, et moins encombrante pour votre chez-vous puisqu'elle ne nécessite pas l'achat d'accessoires.
- La poussette multifonctions, un peu comme votre robot mixeur. En gros, vous achetez une armature de poussette canne, puis vous complétez avec des accessoires qui se clipsent dessus. Les trois accessoires possibles sont : la nacelle, le cosy et la coque. La plupart des magasins essaieront de vous vendre les trois, et vu le prix, on comprend qu'ils soient motivés !

La nacelle est une sorte de petit couffin portable, où Babychou peut dormir complètement à plat, et qui constitue si besoin un lit d'appoint. Attention, elle doit impérativement être homologuée pour transporter Babychou en voiture.

Le cosy est un siège inclinable, où Babychou peut être allongé jusqu'aux trois quarts : autorisé pour le transport en voiture, il peut servir de transat d'appoint pour un dîner ou un rendez-vous chez le pédiatre. Le hic : comme il ne s'allonge pas complètement, Babychou ne pourra y faire que de courtes siestes pour ne pas fatiguer son dos.

La coque est un intermédiaire entre le cosy et la nacelle : ses différentes positions permettent en fonction des situations d'asseoir Babychou, de l'allonger à moitié, voire quasi complètement. La coque est homologuée pour le transport en voiture : très pratique pour des dîners où votre bout'ch s'endort dans la voiture à l'aller, pas besoin de le réveiller pour le transvaser dans un lit en arrivant, il peut rester allongé jusqu'à deux heures dans la coque. Pas question de l'y laisser toute une nuit en revanche, ce ne serait pas bon pour son dos. Gros hic : le poids des coques, souvent assez lourdes.

Le cosy et la coque s'utilisent jusqu'à environ 6 mois, ensuite il vous faudra passer à un siège enfant.

Pour la poussette, deux trucs sont très pratiques à acheter dès le départ : la capote antipluie qui, comme son nom l'indique, évitera que Babychou chope la crève à chaque fois qu'il bruine, et la capote pare-soleil. La capote antipluie est souvent comprise dans le prix de départ de la poussette. En revanche, le pare-soleil est une option utile si vous accouchez aux beaux jours, car vous verrez que vous passerez votre temps à ruser avec le soleil, vous aurez l'impression de ne jamais marcher dans le bon sens pour protéger Babychou de ses rayons !

Un truc très important pour les trajets en voiture : Babychou doit toujours être installé dos à la route. Lorsque vous aurez choisi votre nacelle/cosy/coque, demandez au vendeur de vous montrer comment installer correctement votre matériel. Il y a encore trop d'accidents à cause de sièges bébé mal accrochés. On parle de la sécurité de Babychou, ça mérite bien d'y consacrer 15 minutes sur 9 mois.

Autre accessoire indispensable pour vos futures balades, surtout si vous aimez marcher : investissez dans un porte-bébé, ou une écharpe de portage. Dans les grandes villes sont proposés de nombreux cours de portage en écharpe ; vous pourrez aussi trouver des schémas sur Internet. Les écharpes, c'est idéal pour le dos car la charge est bien repartie, mais cela tient très chaud. Babychou et vous rentrerez en nage de vos promenades si vous vous couvrez trop en dessous. Et grosse galère si votre écharpe se desserre alors que vous êtes au supermarché, car cela demande un sacré coup de main de la rattacher sans être obligée de recommencer toute la manip. Ce qui, debout au rayon frais avec un nourrisson de 15 jours entre les seins, votre caddie et votre fatigue, n'est pas chose facile…

Les porte-bébés « classiques », avec les jambes qui pendouillent, sont bien pour de courtes promenades, et pratiques car très faciles à installer. Mais attention pour les mamans de petits garçons, leurs coucougnettes n'aiment pas être compressées trop longtemps dans cette position. Les porte-bébés en hamac sont super pour les tout-petits, à condition de les habituer (et vous aussi) très tôt. Pas génial pour votre dos car la charge n'est pas répartie équitablement entre les deux épaules, mais pour Babychou, c'est le top : il découvre le monde blotti dans une poche qui lui rappelle votre ventre. Pensez à changer régulièrement de côté pour ne pas vous bousiller les muscles du dos.

Le dressing de Babychou

Eh oui, votre petit bout va avoir besoin de vêtements. De pas mal de vêtements, même ! Il est préférable de constituer un trousseau minimum avant la naissance, afin d'être parée pour le retour de la maternité. Soyons réalistes, malgré vos envies d'habiller votre enfant comme dans une pub dès les premiers jours, il va passer ses premières semaines en pyjama. Vous-même aurez beaucoup de mal à faire la différence entre le jour et la nuit, et ne réussirez sans doute pas à vous doucher avant dix-sept heures : inutile de prévoir des toilettes très habillées pour Babychou dans ces circonstances, ce serait de l'argent jeté par les fenêtres.

Pas évident non plus de choisir la bonne taille. N'achetez pas trop de vêtements en taille naissance, sauf si votre bébé est annoncé comme une crevette à l'écho, car au bout de 10 jours, il ne rentrera plus dedans. Privilégiez le un mois, et n'achetez pas trop de 3 mois : tout le monde vous en offrira après la naissance, vous risquez de ne pas pouvoir tout lui mettre avant qu'il passe au 6 mois ! Pour info, les nourrissons grandissent en moyenne de quatre centimètres par mois les premiers mois, soit un centimètre par semaine : si vous craquez sur des vêtements de marque, privilégiez le 6 mois, voire plus, Babychou les portera plus longtemps. Et n'oubliez pas de penser aux saisons, lors du shopping anticipé, pour ne pas vous retrouver avec plein de robes en lin importables au mois de décembre.

Prévoyez la dose de bodys, ces petits T-shirts à pressions qui s'attachent à l'entrejambe, et choisissez-les en cache-cœur pour les premières semaines. C'est un vrai calvaire d'enfiler un vêtement par la tête à un nourrisson, et il vous le fera savoir en hurlant ! Pensez aussi aux bavoirs en éponge pour les repas, et faites un (gros) stock de langes, ces espèces de torchons pour bébé, grands carrés de tissus blancs doux et pratiques, qui vous serviront à essuyer ses crachouillis sur votre épaule ou votre canapé, à protéger son drap des régurgitations, mais aussi à isoler sa tête du contact des matières synthétiques dans sa poussette ou son cosy.

Les nourrissons ne contrôlent pas leurs mains, et on ne peut pas vraiment leur couper les ongles avant un mois, aussi se griffent-ils souvent le visage. Vous pouvez acheter des minimoufles que vous lui mettrez pour ses siestes les premiers temps : cela vous évitera de faire une syncope en le retrouvant tout balafré un matin au réveil !

Pensez bien sûr aux petits chaussons, et à un ou deux bonnets en coton tout doux, pour lui couvrir la tête les premières semaines, surtout s'il naît en hiver. Ne vous speedez pas pour les chaussures, vous avez le temps avant qu'il en ait besoin, et mieux vaut les acheter le moment venu pour adapter sa première paire à la saison et surtout à sa pointure, qui vous réservera peut-être des surprises !

Voilà, sacré chantier, hein ! Chacune fait comme elle le sent, mais si c'est votre premier, ayez tout de même à l'esprit, lorsque vous choisissez votre matériel, que vous en aurez peut-être un deuxième d'un sexe différent. Certaines regretteront d'avoir joué la carte du « rose only » lorsqu'elles apprendront que le suivant est un petit mec : ce matériel représente un investissement conséquent, autant s'assurer qu'il pourra resservir ou se revendre facilement quand vous n'en aurez plus besoin.

Demandez autour de vous (d'ailleurs, on vous le proposera sûrement) si on peut vous prêter du matériel et/ou des vêtements : pas la peine d'investir trop lourdement dans des vêtements si vos cousines ou copines ont gardé du stock! Vous pouvez aussi ouvrir une liste de naissance pour vous faire offrir des choses utiles, comme le lit parapluie, le tapis d'éveil ou le berceau.

Regardez sur les sites destinés aux jeunes parents, beaucoup proposent des petites annonces pour acheter votre matériel d'occasion (www.leboncoin.fr) : les bébés ne l'usent pas beaucoup, aussi cela représente souvent une bonne aubaine.

Et n'oubliez pas que les responsables du marketing dans les sociétés qui fabriquent des trucs pour les enfants sont vraiment des as : en feuilletant leurs catalogues, vous aurez l'impression que toutes leurs inventions sont indispensables au bien-être et à la sécurité de votre enfant! Alors qu'en vrai... bon, oui, vous aurez besoin de beaucoup de choses, mais du matériel bien choisi et polyvalent permet à la longue de faire des économies!

En bref...

✸ Babychou va avoir besoin de beaucoup de trucs. Commencez à y réfléchir avec Chéri à partir de vos 5 mois de grossesse pour avoir le temps de faire vos choix tranquillement.

✸ Attendez si vous le pouvez les soldes pour investir : tout coûte très cher ! Faites-vous offrir/prêter/donner un maximum de choses, et gardez vos économies pour vous offrir une thalasso après l'accouchement.

✸ Discutez-en autour de vous pour savoir quels produits vos proches ont adopté, mais interrogez-vous avant tout sur vos besoins spécifiques pour prendre vos décisions.

La Crèche

L'assistante maternelle

La nounou

Et au fait, Babychou, on en fera quoi après ?

Sujet essentiel, crucial, sur lequel il faut commencer à se pencher pendant la grossesse pour préparer tout cela en douceur : qui va garder Babychou ?

La garde de votre enfant est un sujet crucial, qui va conditionner votre reprise sereine du travail après votre congé maternité. Commencez par en parler avec Chéri pour vérifier que vous êtes sur la même longueur d'ondes pour le mode de garde que vous envisagez. Soyez réalistes aussi par rapport à vos horaires de boulot respectifs, à la somme que vous pouvez consacrer à la garde de votre enfant : cela représente un gros trou dans le budget d'un couple ! On pense avant d'y être qu'on s'adaptera à des horaires serrés, qu'on fera des efforts, qu'on trouvera des solutions, mais en vrai, si la solution choisie n'est pas adaptée à vos contraintes professionnelles ou à votre budget, cela ne sera pas tenable longtemps.

Trois possibilités s'offrent à vous : la crèche, l'assistante maternelle agréée et la garde à domicile par une nounou.

La crèche, parcours des combattants!

Renseignez-vous rapidement auprès de votre mairie sur les démarches à effectuer pour demander une place en crèche, si c'est ce que vous souhaitez. Chaque mairie fonctionne de manière différente, mais souvent, vous ne pouvez pas vous inscrire avant le début de votre sixième mois de grossesse, soit une fois que vous serez à 5 mois révolus (cf. « Mais de combien je suis enceinte, en fait ?! », pour mémo). Une fois que vous aurez déposé votre dossier, harcelez votre mairie : c'est selon tous les témoignages la seule manière d'obtenir un résultat. Envoyez une lettre tous les 15 jours à l'élu en charge de la petite enfance, faites le sit-in du bureau de la directrice de la crèche que vous avez choisie (si vous y êtes autorisée), bref, ne vous laissez pas oublier!

La crèche, d'expérience, c'est top pour l'éveil des enfants… à partir du moment où ils sont capables de se déplacer seuls. Avant, franchement, ce n'est pas évident, les auxiliaires de puériculture n'ayant parfois pas assez de temps pour suivre d'aussi près que vous l'aimeriez le développement de chaque enfant. C'est assez angoissant pour les jeunes parents de laisser leur enfant de moins de 3 mois au milieu de cette aire de jeux géante qu'est une crèche, où le personnel doit gérer en même temps les disputes des grands et les régurgitations des petits, sans oublier la chouineuse de service qui dort dans le berceau à côté de votre enfant et qui le réveille à toutes les siestes…

Et puis la crèche, c'est un peu le chaudron magique des microbes. Les procrèches vous diront : « *c'est super, il fait son immunité!* », les anticrèches vous répondront « *j'en ai marre de poser un RTT par semaine pour le garder à la maison, il vient de s'enchaîner une angine, une gastro, une rhino, et là je sens qu'on est bon pour l'otite ce week-end* ». Si vous avez un job flexible, pas de souci, mais pour ceux qui ont des comptes à rendre sur leurs horaires et jours de présence, cela peut poser problème.

Les forfaits journaliers à la crèche varient en fonction de votre tranche d'imposition : c'est dans tous les cas le mode de garde le plus économique, d'autant plus que les couches et les repas sont fournis.

Sachez que des temps partiels sont possibles dans beaucoup d'établissements, ce qui peut vous laisser une certaine souplesse si les grands-parents sont motivés pour garder leur petit-fils/fille un jour par semaine.

Si vous pouvez vous permettre d'envisager un autre mode de garde, prenez le temps d'y penser, au moins pour la première année de votre bébé : c'est une décision importante pour vous trois. Votre reprise du travail se fera plus sereinement si vous êtes certaine que Babychou est entre de bonnes mains. Et si vous obtenez une réponse négative de la crèche à la première demande, rien ne vous empêche de réessayer tous les ans jusqu'à son entrée en maternelle.

L'assistante maternelle, la crèche en petit comité

Vous pouvez aussi choisir de faire garder Babychou chez une assistante maternelle agréée. La mairie peut vous communiquer la liste des assistantes maternelles autour de chez vous : elles accueillent deux à trois enfants chez elles, et leur salaire est réparti entre les parents. Commencez à les appeler vers votre septième mois de grossesse. Avant de prendre des rendez-vous pour rencontrer vos favorites, osez discuter avec elles au téléphone pour les « sentir », n'ayez pas d'états d'âme. Vous accepteriez un rendez-vous sur Meetic avec quelqu'un à qui vous auriez juste demandé son adresse et son salaire? Bon, alors, pour confier Babychou, pas de chichis! Les assistantes maternelles sont souvent prises d'assaut, et pour trouver une place auprès de quelqu'un qui vous convient, vous devrez user de votre charme. L'avantage, c'est que votre enfant est en contact avec d'autres petits d'âges différents, encadré par une personne qui a du temps à consacrer à chacun. Une assistante maternelle doit recevoir un agrément de la mairie qui vient contrôler que son logement permet d'accueillir chaque petit dans de bonnes conditions (chambres séparées, espace de jeu, propreté, etc.).

En revanche, c'est elle qui détermine l'amplitude horaire de ses journées. Vous devrez vous adapter à son rythme, souvent proche des horaires de la crèche. C'est aussi souvent elle qui impose ses dates de vacances : comme tout salarié, elle cumule chaque mois des congés payés.

Et la nounou, ça fonctionne comment ?

Enfin, vous pouvez embaucher une nounou en garde simple ou en garde partagée. La garde simple, c'est royal : Babychou est gardé à la maison par une personne qui lui est entièrement consacrée, et qui peut en plus s'occuper de faire de menus travaux pour l'intendance de la maison pendant les siestes. Adaptation totale à vos besoins, horaires et vacances, et attention maximum pour Babychou : c'est top ! Mais aussi très cher, quand on additionne le salaire de la nounou et les charges : cela nécessite d'y réfléchir si c'est ce que vous souhaitez.

La garde partagée est une solution adoptée par de plus en plus de parents : ce dispositif permet de partager le salaire d'une seule nounou entre deux foyers, ce qui revient à peu près au même prix qu'une assistante maternelle si votre nounou accepte d'être payée le SMIC. Pour trouver la famille et la nounou, déposez votre annonce autour de votre septième mois de grossesse sur les sites spécialisés (par exemple www.bebe-nounou.com), à la mairie, chez les commerçants et devant les écoles de votre quartier. Cela peut prendre du temps de trouver votre perle rare et la famille avec qui vous vous sentirez sur la même longueur d'ondes. L'entente entre les deux familles est importante, notamment sur la façon d'occuper les journées des enfants, les horaires de la nounou, les périodes de vacances…

Théoriquement, la garde partagée doit se faire à 50 % au domicile de chaque famille, mais dans les faits, chaque tandem de familles s'organise en fonction de la place disponible chez les uns et les autres. Le critère de proximité est important dans la recherche de votre binôme, pour vous éviter de courir le matin pour déposer Babychou.

Et comment je fais pour me transformer en patron ?

Pour le recrutement de votre assistante maternelle ou de votre nounou, il va falloir vous mettre dans la peau d'un patron pour poser toutes les questions qui vous semblent importantes : n'ayez pas de complexes, elle en a vu d'autres… et vous devez avoir une confiance totale en elle pour lui laisser Babychou l'esprit tranquille le jour où vous retournerez au boulot.

Demandez systématiquement des références pour recueillir les échos des précédents employeurs de votre candidate. N'ayez pas de scrupules à appeler, les parents seront ravis de chanter les louanges de leur nounou si cela s'est bien passé. Beaucoup de gardes à domicile n'ont pas de diplôme, qu'elles remplacent par des années d'expérience et éventuellement des sessions de formation continue : renseignez-vous pour savoir si obtenir un diplôme ou continuer à se former fait partie des envies de votre candidate. Interrogez-la sur la manière dont elle occupe les journées des enfants, en fonction de leur âge, de la météo, du quartier. Si vous souhaitez que Babychou mange des purées maison ou reçoive des attentions particulières dans un domaine, parlez-en dès l'entretien pour vous assurer que la candidate acceptera ces conditions. N'hésitez pas à tester ses principes d'éducation, en demandant par exemple comment elle gère un enfant qui a fait une bêtise. Enfin, soyez transparente sur vos contraintes, horaires, risques de charrettes : vous éviterez ainsi bien des tensions.

Pour calculer le coût d'une assistante maternelle ou d'une nounou en garde simple ou partagée, il existe deux sites Internet très pratiques : www.pajemploi.urssaf.fr et www.fepem.fr.

Le site de la PAJE est le meilleur ami des parents employeurs : il propose un simulateur pour évaluer les aides dont vous bénéficierez et le montant des charges à ajouter au salaire de votre nounou, pratique pour préparer votre budget. Vous y trouverez plein d'infos sur les congés payés, et ils sont assez joignables par téléphone en cas de questions. C'est également sur le site de la PAJE que vous déclarerez chaque mois les salaires versés à votre employée.

La FEPEM, la Fédération des particuliers employeurs de France, propose aussi un très bon simulateur, la liste de toutes les démarches à effectuer pour devenir un particulier employeur, ainsi qu'un récap de toutes les aides que vous pouvez demander pour alléger le coût de la garde de Babychou. Très pratique.

Si vous ne vous sentez pas de faire passer des entretiens, discuter salaire et négocier avec la personne qui s'occupera de la prunelle de vos yeux, beaucoup d'associations existent qui proposent de prendre en charge le recrutement et les formalités administratives de l'embauche de votre nounou : cela coûte un peu plus cher, mais vous assure une vraie tranquillité d'esprit.

Faire garder son enfant, que ce soit à la crèche, par une assistante maternelle ou une nounou, demande aux parents de s'impliquer beaucoup dans la mise en place du système de garde. Vous serez sans doute obligée de faire des concessions sur certains points, le plus souvent les horaires, pour faire rentrer le système de votre choix dans votre budget. Courage, la maternelle n'est plus que dans 3 ans !

En bref...

✴ Trois possibilités pour faire garder votre enfant : la crèche, en déposant dès que possible un dossier auprès de votre mairie, une assistante maternelle, qui garde Babychou chez elle, ou une nounou en garde simple ou partagée à domicile.

✴ C'est un gros budget : intégrez-le dans vos prévisions postaccouchement, et affinez vos calculs avec les simulateurs en ligne pour être sûre de ne rien oublier.

✴ Prenez le temps de bien choisir la personne qui s'occupera de Babychou s'il ne va pas à la crèche, et vous repartirez travailler d'un pas plus léger en le sachant chouchouté.

Et sinon, l'accouchement ça se prépare comment ?

Accoucher n'est pas simple comme bonjour, mais c'est à la portée de toutes, à condition de s'y préparer un peu !

L'accouchement représente pour beaucoup de femmes un fantasme inquiétant. On imagine une séance de torture dont on n'est pas sûre de sortir indemne, d'autant plus que la phrase qu'on a entendue cent fois dans la bouche de nos mères : « *Tu verras, on oublie très vite !* », n'a rien pour nous rassurer. Pour vivre un accouchement serein et ne pas avoir envie de l'oublier aussitôt, une préparation s'impose.

Notre système de santé est bien fait : la grossesse est prise en charge à 100 % par la Sécu à partir du sixième mois de grossesse, et l'on est remboursée de sept séances de préparation à l'accouchement. Un seul conseil : profitez-en !

9 mois : c'est pas comme si vous n'aviez pas le temps de vous préparer, hein. Et pourtant, pas forcément facile de savoir quelle méthode choisir !

La préparation « classique »

Vous pouvez décider de suivre le parcours classique et vous préparer à l'accouchement avec une sage-femme, en cours collectif ou individuel, selon la méthode de l'entraînement à l'accouchement sans douleur. Ah bah oui, ça nécessite un peu d'entraînement, vous comprendrez pourquoi quand vous y serez !

Cette préparation propose une information « théorique » sur l'accouchement et les suites de couches. Vous apprendrez différents types de respiration utiles en fin de grossesse et surtout lors de l'accouchement. Vous ferez aussi un travail musculaire sur le dos, le bassin et le périnée, très profitable pour percevoir tout ce que vit votre corps.

Ces cours de préparation classique à l'accouchement vous permettront de comprendre le mécanisme du travail, et vous rassureront sur votre capacité à discerner s'il a vraiment commencé ou pas. Vous saurez comment réagir en cas de perte des eaux, comment reconnaître une contraction, comment respirer pour en atténuer la douleur et en augmenter l'efficacité. Vous pourrez étudier des schémas expliquant la descente et le chemin du bébé dans le bassin, les différentes étapes de l'accouchement jusqu'à la délivrance, et tout cela est très rassurant en fin de compte. Si Chéri peut vous accompagner, c'est formidable : le jour J, vous vous sentirez épaulée, et il pourra partager avec vous chaque étape de l'accouchement. À défaut, c'est assez amusant de lui restituer le cours pendant votre dîner, et de lui faire faire des exercices de respiration pour qu'il comprenne de quoi on parle entre le croque-monsieur et le riz au lait. Partagez un maximum de ces enseignements avec lui : le jour venu, vous serez vraiment heureuse qu'il comprenne ce qui vous arrive !

Les cours de préparation à l'accouchement comprennent aussi un volet sur les premiers soins donnés au bébé après la naissance, les débuts de l'allaitement et les grands principes à connaître sur son hygiène et son alimentation. Même si vous n'en voyez pas l'utilité tout de suite, vous apprécierez ces informations à leur juste valeur une fois que vous aurez votre enfant dans les bras et que vous vous demanderez ce qu'il attend de vous.

Si vous êtes d'un naturel timide, vous serez peut-être tentée par des séances particulières avec la sage-femme. Cela permet de poser n'importe quelle question sans complexe, mais les cours collectifs ont un gros avantage : il y a forcément des questions que vous n'oserez pas poser, même seule, ou auxquelles vous ne penserez pas, et vous serez bien contente quand une ,plus (ou moins ?) cruche la posera à voix haute. En plus, c'est assez réconfortant, en fin de grossesse, alors qu'on se sent lourde et fatiguée, de se retrouver avec d'autres femmes dans le même état qui partagent vos interrogations.

Si vous ne comprenez pas quelque chose, dites-le, c'est vraiment important ! Parce que le jour de votre accouchement, la sage-femme qui sera entre vos jambes n'aura pas forcément le temps de vous expliquer comment respirer correctement pour pousser, elle ira chercher les spatules, et ce serait dommage d'avoir géré comme une princesse les 9 mois les plus étranges de votre vie pour trébucher sur la ligne d'arrivée par manque de préparation. Et vous profiterez bien plus de votre accouchement si vous en comprenez toutes les étapes : la dilatation, l'engagement du bébé, la poussée, l'expulsion, la délivrance… Ces termes vous intriguent ? Alors ne séchez pas les cours !

Commencez rapidement à chercher votre sage-femme : s'il n'est pas utile de démarrer avant votre septième mois de grossesse, vous pouvez vous inscrire bien avant, car les sages-femmes indépendantes sont prises d'assaut et les places dans leur agenda très demandées. Essayez, si c'est possible, de choisir une sage-femme qui assure la préparation et le suivi postaccouchement, cela vous évitera un nouveau petit parcours du combattant pour en trouver une autre pour votre rééducation post-partum (= rééducation des muscles du périnée après l'accouchement, ignorantes !). La plupart des maternités fournissent une liste de sages-femmes lors de votre inscription à la maternité : si ce n'était pas le cas, vous avez les pages jaunes, les conseils de votre gynécologue ou de vos amies, ou encore le site de l'ordre des sages-femmes (www.ordre-sages-femmes.fr). Choisissez-la pas trop loin de chez vous, pour les mêmes raisons que la maternité : les rendez-vous avec elle seront nombreux, et il est préférable de ne pas avoir trop de temps de transport pour vous y rendre.

Et sinon, quelles sont mes autres options ?

Si vous avez le sentiment de maîtriser parfaitement toutes ces infos, que l'allaitement n'a pas de secret pour vous avant que d'être mère, que l'accouchement ne vous inquiète nullement… vous pouvez alors opter pour une préparation moins classique. Il existe beaucoup de méthodes alternatives, comme l'haptonomie, la préparation en piscine, la sophrologie, le travail par le chant… à vous de voir ce qui vous correspond le mieux pour vous préparer sereinement à l'accouchement.

Une chose est certaine : mieux vaut comprendre ce qui se passe dans votre corps le jour où le travail commence pour vivre ce moment le mieux possible. Et vous verrez que vous serez heureuse plus tard de pouvoir vous souvenir des détails d'un événement si déterminant de votre vie.

En bref...

✱ Ne zappez pas la préparation à l'accouchement, cela vous évitera bien des angoisses le jour venu, et vous serez plus efficace pour aider votre bébé à sortir.

✱ En matière d'accouchement, il n'y a pas de questions idiotes : notez entre les séances toutes celles qui vous passent par la tête et n'hésitez pas à soulever avec votre sage-femme tous les points qui vous inquiètent.

✱ Étudiez les différentes méthodes proposées avant de choisir la vôtre, pour être sûre de vous préparer comme vous le souhaitez à l'accouchement.

Les derniers détails avant l'accouchement

Vous venez de passer le cap des 8 mois, le jour J approche, il est temps de faire votre valise ! En plus de vos mules préférées et d'une ribambelle de pyjamas taille naissance, il y a d'autres détails à anticiper.

Ma valise, sa valise, notre valise

La maternité vous remettra lors de votre inscription un petit dossier avec une liste du trousseau à prévoir pour vous et votre bébé. Au cas où vous l'auriez perdue, en voici l'essentiel.

Pour vous, le mot d'ordre est confort ! Prévoyez :
- Des vêtements amples et confortables pour les jours passés à la maternité après l'accouchement. Si vous prévoyez d'allaiter, pensez à prendre des hauts qui s'ouvrent par-devant.
- Des chaussons ! Vous ne vous baladerez pas en chaussures dans votre chambre, et serez contente d'avoir quelque chose aux pieds pour arpenter les couloirs de la nursery à votre lit.

- Un brumisateur pour vous rafraîchir pendant le travail. Vous n'aurez pas le droit de boire ni de manger : il sera le bienvenu après quelques heures d'attente, surtout en été !
- Une trousse de toilette complète, pour vous occuper de vous après votre accouchement. Les plus coquettes peuvent emmener leur trousse de maquillage, mais inutile de prendre votre sèche-cheveux et votre fer à lisser : vous n'aurez pas le temps de vous faire un brushing !
- Une tenue pour la sortie de la maternité : contrairement à ce qu'Angelina Jolie pourrait laisser croire, votre ventre n'aura pas dégonflé au moment de votre sortie, cela prend quelques semaines, aussi emmenez un de vos pantalons de grossesse pour vous sentir à l'aise.
- Des slips filets. Mais késaco ? Le slip filet est une culotte en résille qui permet de maintenir bien en place votre serviette hygiénique de maternité. Slip ? Serviette de maternité ?… Les explications arrivent tout de suite !
- Des serviettes de maternité (ou couches, plus prosaïquement), qui s'achètent en pharmacie.

Pour le bébé :

Attention, tant que l'on n'a jamais essayé d'habiller un nouveau-né, on ne réalise pas le côté pratique ou à l'inverse diabolique de certains vêtements. Pour les premières tenues de votre enfant, on le redit, choisissez des vêtements qui ne s'enfilent pas par la tête !

- Six pyjamas taille naissance (uniquement si votre dernière écho prédit un petit gabarit, sinon il les portera une semaine) ou un mois, qui se ferment *sur le devant*.
- Dix bodys en coton qui se ferment *sur le devant*.
- Un bonnet, car les nouveau-nés perdent beaucoup de chaleur par la tête, c'est très important de la couvrir les premières semaines.
- Trois ou quatre petits gilets bien chauds.
- Deux turbulettes taille nourrisson adaptées à la saison : inutile de prendre un truc en polaire ultrachaud si vous accouchez au mois d'août. Prévoyez-en deux pour les laver facilement, vous verrez qu'elles se salissent trèèèès vite.
- Quatre paires de petites chaussettes.
- Des chaussons.
- Des petites moufles pour éviter qu'il ne se griffe le visage dans son sommeil.
- Une couverture pour l'envelopper quand il est dans vos bras.
- Deux serviettes de bain pour bébé avec une capuche intégrée.
- Une coque ou un cosy pour le transporter si vous êtes en voiture lors de votre sortie.

Un détail qui n'en est pas un : Babychou aura une peau très fragile à la sortie de votre ventre, il convient pendant ses premiers mois de n'utiliser que des lessives hypoallergéniques, et surtout pas d'adoucissant, très allergisant. Et, bien sûr, il est indispensable de laver toutes les affaires qu'il portera ou risque de mettre à la bouche avant de les lui donner, on ne sait jamais où ont traîné les vêtements ni combien de mains les ont manipulés avant d'arriver chez vous. Faites-le avant la naissance, après… vous n'aurez plus le temps!

Ça, c'est la partie sympa à préparer! Mais pour être fin prête le jour de votre accouchement, il va vous falloir penser à deux, trois autres petits détails moins glamour.

Slips filets, serviettes, laxatif : on parle bien d'accouchement, là?

Vous allez probablement voir sur votre liste des « slips filets ». Comme expliqué plus haut, ils servent à maintenir les énooormes serviettes fournies par la maternité pour absorber le flux des lochies, les pertes de sang souvent abondantes qui suivent l'accouchement. Pour éviter d'avoir l'impression de vous balader avec un polochon entre les jambes, achetez-vous des serviettes maternité, d'une épaisseur plus raisonnable. Les serviettes post-accouchement ne sont pas les classiques serviettes que vous utilisez pendant vos règles : non, celles dont on parle s'achètent en pharmacie, à côté des couches pour incontinence. Eh non, vous ne pouvez pas faire l'impasse dessus à votre retour à la maison : elles sont spécialement étudiées pour laisser respirer la peau en cas de points de suture, alors que les serviettes classiques sont composées de plastique qui a tendance à faire macérer la peau. Sans parler de leur pouvoir absorbant bien supérieur qui, vous le verrez, s'avère précieux dans les jours qui suivent l'accouchement!

Les derniers détails avant l'accouchement

Prévoyez des dessous adaptés : inutile d'emmener votre lingerie fine, les sages-femmes s'en fichent, prenez plutôt des maxi-culottes en coton qui maintiendront votre protection bien en place et que vous jetterez sans états d'âme si elles sont tachées.

L'une des grandes angoisses des futures mères est de s'oublier sur les chaussures de leur médecin accoucheur. Fantasme répandu… et justifié : la péridurale empêche tout contrôle des sphincters, vous ne ressentez ni l'envie d'uriner ni celle d'aller à la selle, et la poussée finale pour expulser le bébé expulse souvent aussi le contenu de votre intestin. Si cette perspective vous horrifie, sachez que ce n'est pas forcément une fatalité ! Vous pouvez acheter en pharmacie un tube de gel laxatif ou une boîte de suppos de glycérine, habituellement utilisés pour lutter contre la constipation : quand vous reconnaîtrez le début du travail, et en amont de votre départ à la maternité, vous pourrez profiter de cette attente pour vous purger tranquillement chez vous. Tout ceci n'est vraiment pas très sexy (attention de ne pas faire tomber votre gel à la caisse du supermarché, cela fait désordre), mais si cela peut vous aider à envisager plus sereinement le jour de votre accouchement, c'est une astuce utile. Attention néanmoins au deuxième effet kisscool si vous n'aviez pas été à la selle depuis plusieurs jours : le laxatif risque de provoquer des sorties intempestives pendant de longues heures après votre purge, et le remède pourrait devenir plus embarrassant que le mal !

Si vous perdez les eaux dès le début du travail et n'avez pas le temps de procéder à cette petite manipulation, rassurez-vous : quand vous serez sur la table d'accouchement, vous aurez vraiment autre chose en tête que de savoir si vous avez fait un truc gênant ou pas. Et comme de toute façon vous ne saurez jamais ce qui s'est passé derrière le drap censé protéger votre intimité, tout cela a bien peu d'importance.

Puisqu'on parle d'intimité, il vaut mieux savoir avant d'y être que le jour de l'accouchement, vous pouvez dire adieu à tout concept de pudeur. Une fois arrivée à la maternité, on va vous remettre une très jolie chemise de nuit semi-transparente ouverte dans le dos, sous laquelle on vous demandera de rester complètement nue après la pose de la péridurale. Au cours de votre travail, une foule d'inconnus va se pencher sur votre vagin pour l'examiner, commenter son état et lui prodiguer des soins une fois le bébé sorti. Le drap que l'on vous montre dans les séries américaines et censé protéger les yeux du futur père de la vision de votre sexe en plein boulot est une douce chimère : certes, on vous pose un drap sur les genoux au moment où l'on vous installe sur les étriers. Mais il est rapidement repoussé par la sage-femme qui a besoin de toute sa liberté de mouvement pour accompagner le bébé, et vous ne penserez alors à rien d'autre qu'à pousser.

Pour les plus coquettes, vous pouvez parer à ce désagrément en vous offrant une séance d'esthéticienne dans le mois qui précède votre date de terme : vous serez ainsi nickel chrome, prête pour tourner dans un film X ou pour donner naissance à votre enfant. Mais au moins, prête. Et comme les premières semaines après la naissance, il est difficile de trouver le temps de s'occuper de ce genre de petits détails triviaux, ce sera toujours ça de pris. Attention, détail important : ne vous mettez pas de vernis sur les ongles ! À la maternité, on vous posera un capteur pour vérifier en permanence la bonne oxygénation de votre sang sur le doigt : le vernis empêche son bon fonctionnement. En bref, évitez les french manucure dans le mois qui précède votre terme.

Puisqu'on parle beauté, profitez de votre congé prénatal pour vous offrir un ravalement de façade complet chez le coiffeur. Vous aurez du mal à trouver le temps ensuite, et vous serez plus jolie sur vos photos de maternité avec une coupe fraîche !

Votre valise est bouclée, vous avez vos serviettes maternité, vous sortez de chez l'esthéticienne ? Eh bien maintenant, il n'y a plus qu'à attendre.

En bref...

✸ Préparez votre valise et celle de votre bébé à partir de 8 mois de grossesse. Vous serez ainsi parée, et éviterez à Chéri le stress de devoir s'en occuper seul et en urgence le jour J.

✸ Ayez dans votre sac votre petit gel laxatif : si vous avez la possibilité de l'utiliser avant de partir pour la maternité, vous serez plus détendue au moment de pousser de toutes vos forces. Et sinon, rassurez-vous : les soignants en ont vu bien d'autres !

✸ Profitez des semaines qui précèdent l'accouchement pour vous pomponner : vous serez plus jolie sur les photos de la maternité et vous n'aurez pas à vous en soucier juste après la naissance de votre enfant.

Alors, ça vient ?

Après votre grossesse, vous ne demanderez plus JAMAIS à une femme enceinte si elle est impatiente d'accoucher. Vous saurez que vous risquez de vous prendre une beigne.

Votre valise est prête, vous avez arrêté de travailler depuis un moment, vous avez acheté vos slips filets, le lit de Babychou est arrivé, sa poussette aussi, toutes ses petites affaires sont lavées et soigneusement rangées dans sa commode, vous avez même acheté les couches, le savon, la crème, les biberons. Et maintenant… vous faites quoi ? Vous attendez.

Les dernières semaines de la grossesse vont vous sembler les plus longues de votre vie. Imaginez l'impatience que vous ressentiez, enfant, à la veille de Noël, multipliez ce sentiment par un million et étalez-le sur un mois environ, et vous aurez une vague idée du délicieux supplice que vit la femme enceinte en fin de grossesse.

Pourquoi on en a autant marre ?

Cela fait 8 mois maintenant que vous vivez la transformation la plus incroyable de toute votre vie. Vous avez cru étouffer sous le poids du secret, éclater de bonheur en l'apprenant à vos proches, vous ne pensez qu'à cela et on ne vous parle que de cela. Bref, vous baignez dedans depuis un bon bout de temps et là justement, ça commence à faire longtemps. Vous n'avez plus rien d'autre à faire que d'attendre, avec une capacité de mouvement très limitée (cf. La Danse des canards) et l'impression de traîner une caravane pleine de bagages à longueur de journée : ça commence à vous peser, sans mauvais jeu de mots.

Cette attente de fin de grossesse est très particulière : on a le sentiment qu'on ne peut rien y faire, et en même temps, que c'est nous qui orchestrons tout cela. Et ce qui augmente encore cette impression d'attente sans fin, c'est que l'on n'ose plus faire le moindre projet : vous commencerez toutes vos phrases par « *Si je n'ai pas encore accouché… dînons ensemble samedi* » !

C'est très légitime de bouillir d'impatience de rencontrer enfin l'objet de tant de soins, de préparation, d'attentes et d'espoirs ! Et il faut dire que si vous arrivez à raisonner votre excitation, votre entourage ne vous aide pas du tout à vous changer les idées.

À partir du début de votre neuvième mois (donc à 8 mois révolus, tout le monde suit ?), chaque personne qui vous appellera commencera la conversation par : « *Alors, tu n'as toujours pas accouché ?* » Et beaucoup de gens vous appelleront pour savoir si vous n'avez pas accouché. Au début, cela vous fera rire, mais au bout de 15 jours (qui vous paraîtront 6 mois), vous aurez envie de leur raccrocher au nez avec un « *Bah non c…, si je réponds c'est que je m'em… toujours autant chez moi à attendre et à grossir parce que je ne peux rien faire d'autre que manger et que je fais de la rétention d'eau* ». Mais vous êtes quelqu'un de poli donc vous répondrez en riant jaune que non, non, vous travaillez les finitions de Babychou. Ou alors vous arrêterez de répondre au téléphone.

L'anxiomètre de Chéri va basculer dans le rouge à compter de ce moment-là aussi. Tous les matins, il vous examinera avec inquiétude pour s'assurer que tout va bien, c'est bon, il peut partir travailler ? Au bout de quelques jours, vous ne communiquerez plus avec lui que par texto, car il frôle la crise cardiaque au bureau chaque fois qu'il voit votre nom s'afficher sur son portable, persuadé que ça y est, c'est le moment.

Forcément, on est tentée de se dire qu'on va mettre fin à cette incertitude, qu'on va accélérer le mouvement en faisant de grandes marches à pied, du saut à la corde, un grand ménage, ou encore en essayant la méthode italienne. Pour les ignorantes, la méthode italienne consiste à faire l'amour sans préservatif : les substances contenues dans le sperme favorisent l'ouverture du col… et peut-être aussi un peu l'énergie dépensée dans les galipettes ! Mais chut, je ne vous ai rien dit…

N'oubliez pas que Babychou viendra quand ça lui chante. Vous pourrez faire 20 fois la poussière sous votre canapé, si ce n'est pas son heure, il restera au chaud, et tant mieux pour lui !

Pendant ces dernières semaines, il peaufine ses finitions et fait du gras : plus il attend, et mieux réglé il sera à l'arrivée. On dit qu'un nouveau-né fait en moyenne ses nuits lorsqu'il atteint les 5 kilos. Si votre enfant naît à 3,5 kilos, en 2 mois vous avez l'espoir que ce soit plié. Si vous accouchez d'un petit bout de 2,9 kilos parce que vous avez écumé les rave-parties dans l'espoir d'abréger votre attente, vous trouverez le temps beaucoup plus long avant qu'il vous laisse enfin dormir plus de 4 heures d'affilée. Et vous direz alors : « *Mais pourquoi j'étais aussi pressée !!* »

Du temps pour fignoler les derniers détails !

Profitez donc de ces loisirs forcés pour chercher un pédiatre près de chez vous, ou dégotter l'adresse de la PMI la plus proche. Huit jours après sa naissance, Babychou devra être examiné par un pédiatre qui vérifiera que tout va bien : c'est un examen obligatoire. Les visites sont ensuite mensuelles jusqu'au sixième mois : un bon pédiatre, attentif et disponible, et qui ne vous fait pas attendre 3 heures à chaque visite, c'est important ! Une PMI, pour celles qui ne connaissent pas encore, c'est le service public de la Protection maternelle infantile : il y a des centres un peu partout en France, où vous pouvez vous rendre pour peser Babychou ou le faire examiner par des médecins à tout moment.

Ça y est, vous avez trouvé le futur doc de Babychou ? Pourquoi ne pas vous pencher sur la question de son faire-part de naissance, si Chéri et vous souhaitez en envoyer un ? Des dizaines de sites proposent des choix de modèles très variés, faciles à personnaliser. Vous pouvez aussi, si vous arrivez encore à faire trois pas, chercher un imprimeur près de chez vous pour préparer le texte et la maquette de votre faire-part. Profitez de cette période pour mettre au clair votre liste de destinataires, et parfaire votre message d'annonce. Il ne vous restera plus qu'à ajouter une photo et/ou le prénom de Babychou à l'arrivée, et hop !

Beaucoup de maternités proposent une visite guidée pour les futurs parents en fin de grossesse : profitez-en pour repérer les lieux, voir à quoi ressemble une salle de naissance, rencontrer l'équipe médicale, poser vos dernières questions sur les préparatifs de l'accouchement, visiter la pouponnière (larmes incontrôlables garanties en entendant les pleurs des nouveau-nés, mais rassurez-vous, vous ne serez pas la seule…). Bref, grâce à cette visite, vous serez en terrain connu le jour où vous accoucherez : hop, un stress de moins !

Précaution importante : ayez toujours sur vous le numéro de quelqu'un, ou à défaut, le numéro d'une compagnie d'ambulances privée que vous pourrez appeler si vous devez partir à la maternité rapidement. Ne comptez pas trop sur les taxis, qui peuvent refuser de vous charger de peur que vous ne salissiez leur banquette (si, si, ça existe). Si vous appelez les pompiers, ils vous emmèneront à l'hôpital le plus proche de chez vous sans forcément tenir compte de votre choix de maternité.

Les ultimes check-up

En fin de parcours, les examens de contrôle se rapprochent : en fonction des maternités et du déroulement de votre grossesse, vous aurez des rendez-vous hebdomadaires, voire bi-hebdomadaires, pour contrôler que vous et le bébé allez bien. Contrôle de la glycémie, monitoring pour vérifier le rythme cardiaque de Babychou et enregistrer d'éventuelles précontractions, et surtout examen de votre col : si vous avez séché une partie des cours de préparation à l'accouchement, vous apprendrez la signification des expressions « col long et fermé », « col raccourci », « col effacé », « col dilaté à 1 »… Plus le col est long, plus en théorie l'accouchement est lointain. Quand il commence à se raccourcir, voire s'efface, voire se dilate, c'est en théorie que l'accouchement se rapproche. En théorie, hein, car certaines femmes passent les 3 dernières semaines de leur grossesse avec un col dilaté à 2 sans que rien ne se passe, et d'autres passent d'un col fermé à 3 cm de dilatation en quelques heures. Donc ne sombrez pas dans le désespoir si la sage-femme vous dit « *Houlà, vous, vous en avez encore pour au moins une semaine* » : l'accouchement n'est vraiment pas une science exacte.

Vous découvrirez aussi le monitoring, qui permet d'écouter le rythme cardiaque de Babychou et d'enregistrer d'éventuelles contractions. Le jour de l'accouchement, les capteurs seront installés sur votre ventre en même temps que la péridurale : se laisser bercer par les battements du cœur de votre enfant est une douce répétition du D-Day qui approche.

Fausses alertes et signes avant-coureurs

Pour toutes les primipares vient se greffer l'angoisse de ne pas reconnaître le début du travail. Bah oui, on vous l'a décrit, mais en vrai, ça fait quoi ? À chaque tiraillement, vous sursautez : est-ce la première contraction ? Vous attendez pendant 5, 10, 15, 20 minutes, guettant avec espoir le moindre signe. Ces incidents seront nombreux lors des dernières semaines, et mettront vos nerfs à rude épreuve ! Mais rassurez-vous sur un point, la nature est bien faite : lorsque le travail commence (vraiment), vous le saurez, même si vous n'avez jamais ressenti cela auparavant.

Les dernières semaines sont parfois jalonnées de fausses alertes. Vous pourrez tout à coup avoir des contractions rapprochées et régulières, et penser de bonne foi que le travail a commencé. Chéri (ou votre mère, ou votre meilleure amie) rappliquera comme un dingue pour vous emmener à la maternité avec votre valise, où vous expliquerez fièrement que ça y est, vous pensez que le moment est enfin arrivé. Quand la sage-femme se relèvera d'entre vos cuisses après avoir examiné votre col, regardera la courbe de votre monitoring d'un œil sceptique pour finalement vous annoncer « *Fausse alerte, le travail n'a pas commencé, vous pouvez rentrer chez vous* »,

vous aurez envie de lui faire une prise de catch pour lui apprendre à vous parler autrement. Et pourtant, elle n'y est pour rien, elle : votre corps s'amuse à vérifier que tout marche et que votre logistique est bien organisée pour le jour J…

Même si vous n'êtes pas sûre que votre travail a commencé, ne vous censurez pas et allez à la maternité dès lors que vous ressentez des contractions régulières et rapprochées. Et tant pis si c'est pour du beurre, vous repérerez l'itinéraire le plus rapide pour le jour J. Bonne nouvelle : il peut arriver que l'examen de votre col par la sage-femme déclenche le vrai travail, voire la rupture de la poche des eaux. Et là, vous ne serez pas venue pour rien.

Vous aurez peut-être une vraie fausse joie avec la perte du bouchon muqueux. Qu'est-ce que ce truc au nom peu ragoûtant ? Eh bien, c'est un truc peu ragoûtant : quelques semaines ou quelques jours, voire quelques heures avant l'accouchement, votre corps expulse le bouchon muqueux, sorte d'amas de glaires marronnasses qui verrouillait le col de l'utérus depuis le début de votre grossesse. La perte du bouchon muqueux peut inquiéter, car cela représente une quantité assez importante de matière. Rassurez-vous, c'est tout à fait bénin. Calmez-vous, cela n'annonce pas toujours l'accouchement dans la minute non plus. Si vous avez de vraies pertes de sang, en revanche, filez immédiatement à la maternité pour vérifier que tout est OK.

Dernière chose à surveiller de près dans les dernières semaines : la fièvre. Si vous constatez que vous avez plus de 38 °C, appelez la maternité pour demander que faire car la fièvre risque de déclencher des contractions et peut indiquer une infection à traiter d'urgence pour le bien-être de Babychou.

Beaucoup de femmes racontent qu'elles ont su que leur accouchement arrivait après avoir subi un épisode de diarrhée intense. La Nature est bien faite, et souvent, vos intestins font le grand ménage en prévision des efforts que vous allez devoir fournir sous peu. Si vous êtes à plus de 8 mois de grossesse et que vous avez tout à coup l'impression d'avoir chopé une gastro carabinée avec évacuation uniquement par le bas, c'est sans doute que votre travail va démarrer dans les 48 heures. Ou alors que vous avez chopé une vraie gastro, et là j'en suis désolée pour vous !!

En bref...

✳ Gardez un stock de DVD/livres que vous vouliez voir depuis longtemps pour occuper vos dernières semaines de grossesse.

✳ Gardez votre portable toujours chargé, mais filtrez les appels pour ne pas vous fâcher avec tous vos amis et parents avant votre accouchement.

✳ Profitez de votre temps libre pour préparer le faire-part de Babychou et chercher son futur pédiatre.

✳ Gardez toujours sur vous le numéro d'une compagnie d'ambulances privée pour vous emmener à la maternité rapidement si cela s'avère nécessaire.

✳ En cas de contractions régulières et rapprochées, même si vous n'avez pas mal, filez à la maternité pour vérifier ce qui se passe.

La vérité sur l'accouchement et une rencontre du troisième type

Parce que, non, entendre depuis l'enfance « Oh, heureusement, on oublie vite ! » n'est absolument pas rassurant, et qu'on se demande vraiment à quelle sauce on va être mangée !

Depuis le jour où vous avez décidé de faire un enfant, vous êtes sans doute partagée entre une dévorante impatience de découvrir Babychou… et la terreur de l'accouchement. Toutes les futures mères sont passées par là : en début de grossesse, la perspective de faire passer un truc du diamètre d'un melon dans notre vagin nous fait défaillir d'angoisse, et puis au fil des mois, du gonflement de notre ventre, de la découverte des mouvements de Babychou, notre cerveau s'habitue à cette perspective, et on attend plus tranquillement le jour J. Enfin, façon de parler, parce que quand même, on se demande ce qui nous attend !! Les discours de nos mères et grands-mères, émaillés de « *J'ai oublié tout de suite* » et de « *L'accouchement de ton frère, ça m'a pris 2 jours* » ne sont pas faits pour nous rassurer.

Euh, comment je sais que c'est bien le travail qui commence ?

Sachez que la durée moyenne d'un accouchement pour un premier enfant est de 12 heures, entre les premières contractions et l'expulsion du bébé. C'est une moyenne : certaines accouchent en 3 heures, d'autres en 24, il n'y a pas de règle. Cela paraît beaucoup, sur le papier, mais en fait ce n'est pas tant que ça. La future mère ne hurle pas de douleur comme dans les films américains pendant tout ce temps, loin de là, du moins si vous optez pour la péridurale. Les premières contractions sont fortes, mais encore très espacées, et la douleur assez diffuse au départ. Les sages-femmes la comparent avec la douleur des règles dans le bas ventre, qui peut s'accompagner parfois de douleurs dans le dos. Quand vous saurez avec certitude que le travail a bien commencé (parce qu'en plus de la douleur, vous commencez à ressentir des contractions fortes et prolongées, à intervalles réguliers et de plus en plus rapprochées), il se sera déjà écoulé au moins une petite heure. Déjà ça de gagné.

Pour être sûre que c'est le vrai travail qui a commencé, vous aurez d'autres indices. L'intensité des contractions ira en augmentant, vous aurez sans doute de plus en plus mal. Si vous n'aviez pas encore perdu le bouchon muqueux, il est probable qu'il s'évacue à ce moment-là.

Un test facile pour savoir si votre travail a réellement commencé : avalez un Spasfon, et si 2 heures après, vous avez toujours aussi mal, voire davantage, c'est que ce sont bien des contractions de travail.

Appliquez les conseils donnés par votre sage-femme pendant votre préparation à l'accouchement, que vous n'avez pas zappée en bonne future maman. Pour vous détendre et calmer la douleur, vous pouvez prendre un bain bien chaud, mais uniquement si vous n'avez pas rompu la poche des eaux, sinon vous risquez l'infection ! Vous pouvez aussi faire des exercices de respiration, chanter, écouter de la musique… bref, passer le temps avant de partir à la maternité, où l'attente se fera dans des conditions moins intimes.

Il est possible que vous perdiez les eaux. Contrairement à ce qu'on voit dans les films, vous ne perdrez pas forcément un seau d'eau entre les jambes, même si ça peut arriver. Vous pourrez tout à coup avoir l'impression que votre vessie est devenue incontrôlable, et laisserez de petites mares derrière vous en marchant, ou en vous relevant. En fait, la poche des eaux s'est déchirée : au lieu de pipi, c'est votre liquide amniotique qui s'écoule, et qui continuera jusqu'à la sortie de Babychou. Si vous perdez les eaux, grandes ou petites, foncez illico à la maternité : la poche qui entoure le bébé n'est plus stérile, il y a alors un risque d'infection, c'est important de vous mettre le plus tôt possible sous surveillance médicale. Pas de panique en revanche : ce n'est pas parce que le lavabo se vide que Babychou va se retrouver à sec, le liquide continue à se renouveler en permanence jusqu'à la fin de l'accouchement.

Vous ressentirez peut-être une très forte envie de pousser, d'aller à la selle, alors que le travail a commencé : si c'est le cas, surtout n'allez pas aux toilettes, ne poussez pas, montez dans votre voiture, et croisez les doigts (et les jambes !) pour réussir à arriver à temps pour accoucher sur une table de travail et pas sur le parking… Il y a en effet des chances pour que votre col se soit dilaté à votre insu (veinarde) et que la tête de Babychou se soit déjà engagée dans votre bassin et fasse donc pression sur votre rectum : si vous poussiez, c'est Babychou qu'on pourrait retrouver dans les toilettes. Bref.

Une fois à la maternité, il se passe quoi ?

Quand vos contractions seront suffisamment rapprochées, direction la maternité ! Appelez-les pour les prévenir de votre arrivée et leur indiquer la fréquence de vos contractions : inutile d'arriver trop tôt, vous pourriez attendre sur une chaise dans le couloir, vraiment pas fun. Vous serez examinée par une sage-femme à votre arrivée, et en fonction de l'ouverture de votre col et de l'avancement de votre travail, vous serez dirigée soit directement en salle de naissance, soit dans une chambre. L'ouverture du col se mesure très prosaïquement en doigts, c'est-à-dire le nombre de doigts que la sage-femme peut introduire dans votre col, qui équivalent plus ou moins à des centimètres. Voilà, voilà. Un doigt, vous avez encore du boulot ; quatre doigts, la péridurale n'est plus loin ; dix, la tête de Babychou peut s'engager dans le bassin et la ligne d'arrivée est proche.

Sachant qu'il faut compter en moyenne une heure de travail par centimètre de dilatation… eh bien j'espère que vous avez prévu de la lecture ! D'autant plus que vous n'êtes plus autorisée à manger ni à boire, pour éviter les nausées dues à la péridurale et/ou à la poussée finale, et être parée si une anesthésie générale s'avérait nécessaire. Pas de panique, vous serez sous perfusion pour ne pas mourir d'inanition, mais pensez à prendre un brumisateur pour vous rafraîchir.

Avant votre transfert en salle de naissance, en fonction de votre dilatation, vous patientez et bossez toute seule dans votre chambre. Cela veut dire que vous allez appliquer à la lettre les exercices de respiration enseignés par la sage-femme pour optimiser l'efficacité des contractions et ne pas vous laisser submerger par la douleur. Car oui, soyons honnête, la contraction fait mal. Très mal même, un peu comme si vous aviez vos règles + un lumbago + une diarrhée monstre. Et cela augmente en intensité au fil des heures, en submergeant tout le corps : quand vous « contractez », vous ne pouvez plus parler, écouter, ni même ouvrir les yeux ; vous vous forcez à souffler parce que c'est ce qu'on vous a appris, mais cela vous demandera un effort surhumain.

Ce qui est étonnant, c'est que même avec le souffle coupé par la contraction, on a le sentiment de « souffrir utile ». La douleur que l'on ressent vient du plus profond de nous, et la certitude que l'on traverse tout ça pour la bonne cause (et que ça ne va pas durer éternellement) apporte une sérénité et une résistance étonnante dans ces moments-là. Chaque contraction vous rapproche du moment où vous allez rencontrer Babychou, au sens propre puisqu'à chaque spasme, la tête de votre bébé appuie sur le col de l'utérus pour l'ouvrir peu à peu.

Il est recommandé de marcher pour accélérer le travail, la pression étant accentuée par la gravité. Un conseil : n'allez pas seule vous balader dans les couloirs, car vous aurez besoin de quelqu'un sur qui vous appuyer lorsque la contraction arrive. Et puis cela soulage (un peu) de pouvoir griffer le bras de Chéri ou lui mordre l'épaule au pic de douleur.

Enfin, viendra le moment béni où la sage-femme vous annoncera que votre col est suffisamment dilaté pour poser la péridurale. Vous aurez envie de l'embrasser, mais à la place vous lui casserez deux doigts à cause de la contraction suivante.

La péridurale, ça se passe comment ?

La péridurale, quelle belle invention ! Nous avons la chance d'être nées à une époque où l'on peut accoucher sans être traumatisée à vie par la douleur, profitons-en ! En fin de grossesse, certaines futures mères déclarent hésiter à choisir la péridurale, pour vivre toute l'intensité de la naissance dans sa pureté originelle : on en reparle après quelques heures de travail… Globalement, même si vous aviez l'ombre d'une hésitation quant à votre envie de recourir à la péridurale, elle devrait à ce stade s'être dissipée. Pour les puristes qui voudraient quand même aller au charbon, je leur souhaite bien du courage.

Quant à celles qui redoutent d'arriver trop tard à la maternité pour que la péridurale soit posée… eh bien estimez-vous heureuses, c'est que votre col se dilate très vite, et donc que votre accouchement devrait être rapide! Et puis quelle admiration vous lirez dans le regard des autres mères mafieuses quand vous raconterez que vous avez sorti Babychou à l'ancienne!

Si ce n'était pas encore fait, vous serez alors transportée en salle de travail, où vous attend votre jolie chemise ouverte dans le dos. C'est un anesthésiste qui va vous poser la péridurale. Oui, l'aiguille est grande, mais, en règle générale, les médecins anesthésient la zone avant de l'enfoncer, donc vous ne sentirez presque rien. Pour éviter qu'il ne tourne de l'œil, on fera sortir Chéri le temps de la piqûre. On vous installera également sur le ventre des capteurs de monitoring, qui enregistrent les battements du cœur de Babychou et la courbe d'intensité de vos contractions. Et 10 minutes plus tard, quel pied! Vous regarderez goguenarde la courbe de vos contractions (qui sortent de la feuille graduée tellement elles sont fortes) en chantonnant « *même pas mal, même pas mal!* », tout en écoutant avec ravissement les battements du cœur de Babychou. Profitez de cette période de calme avant la tempête pour vous reposer, faire un somme (si, avec la péridurale, c'est possible!), feuilleter un magazine, finir votre courrier en retard : bref, essayez de vous détendre.

Détail important concernant le monitoring : la fréquence des battements du cœur de Babychou varie constamment, en fonction des contractions qu'il subit, de sa position, de votre position… Inutile d'alerter la sage-femme chaque fois que vous constatez une modification ; en revanche, si vous voyez que le rythme ralentit de manière notable pendant plusieurs minutes, envoyez Chéri la chercher fissa pour vérifier que tout va bien.

La péridurale peut avoir quelques effets secondaires, le dosage parfait étant très difficile à trouver en fonction de chacune. Vous n'aurez peut-être plus de sensations dans les jambes pendant un moment, ou ressentirez des vertiges, voire des nausées. Prévenez l'équipe médicale de ces symptômes, qu'ils puissent les contrôler et s'assurer qu'ils sont bénins.

Mais si je ne peux plus bouger, comment je fais pour, bon, enfin, vous voyez quoi ?!

Autre détail sexy tout plein : lorsqu'on est sous péridurale, on ne ressent plus l'envie d'uriner, et on est bien incapable de demander quoi que ce soit à ses sphincters, complètement anesthésiés. On vous installera une sonde pour vous vider la vessie, plusieurs fois si votre travail dure longtemps, et dans tous les cas juste avant l'expulsion du bébé : la vessie doit être vide pour gêner le moins possible son passage. Pas d'inquiétude, ce n'est absolument pas douloureux (merci la péridurale).

Quant à ce qui se passe côté fesses… Hum. Comme on l'a vu, ça aussi c'est souvent une énorme angoisse.

Détail très sympa : sur la table de travail, on vous allongera sur une espèce de tapis absorbant (non, vous ne voudrez pas regarder à quoi il ressemble après votre accouchement), et sera aussi installé un seau ou un sac-poubelle au bout de la table, juste sous les fesses, pour recueillir tout ce qui sera évacué en dehors de Babychou. Ne cherchez pas à regarder dans ce fameux sac, vous pourriez vous autotraumatiser. Point positif : sous péridurale, vous n'aurez aucun moyen de savoir ce qui est sorti ou pas, et vous pourrez donc conserver un doute rassurant en vous disant que non, sûrement pas, vous vous en seriez rendu compte, tout de même !

Vos jambes et votre vagin seront couverts avec un drap pendant la durée du travail. Ne vous leurrez pas, il ne restera pas bien longtemps en place une fois l'expulsion commencée. Mettez les choses au point avec Chéri avant d'y être et vous assurer qu'il restera bien à côté de votre tête au moment crucial, sans s'amuser à passer de l'autre côté pour voir sortir Babychou. Enfin, cette décision ne regarde que vous deux, mais si pour vous c'est hors de question, dites-le pendant que vous pouvez encore parler !

Enfin, le dénouement !

Pendant ce temps-là, votre bébé, lui, ne chôme pas : écrabouillé par les parois de votre utérus, sa tête appuie sur votre col, et peu à peu, le passage s'ouvre. Les sages-femmes viennent contrôler toutes les demi-heures environ que le monitoring est normal et que la dilatation se poursuit. Vous, vous vous limez les ongles. Et sans en avoir conscience, vous vous rapprochez du moment où votre vie va changer définitivement.

Tout à coup, alors que vous attaquiez votre troisième *Voici* pendant un examen, les sages-femmes enfileront leur attirail masque/combi/bonnet/gants. C'est le signal que Babychou a entamé sa descente dans votre bassin, et que vous allez bientôt commencer à pousser. Elles allument la lampe chauffante sous laquelle votre enfant sera posé aussitôt sorti pour ne pas prendre froid ; elles s'installent confortablement entre vos jambes… Et c'est parti ! « *Poussez, madame !* »

Ne vous étonnez pas de ne pas voir de médecin dans la pièce : la plupart du temps, les sages-femmes gèrent l'accouchement de A à Z, sauf si une complication nécessitant un geste médical survient, comme l'utilisation de spatules, voire une césarienne.

C'est en général le moment que choisit Chéri, plus ou moins calme depuis le début du travail, pour se sentir mal et tourner de l'œil. Ou devenir introuvable : il est en train d'appeler sa mère ou prendre l'air devant la maternité, ne se doutant pas une seconde que vous êtes sur le point de donner naissance à sa progéniture. S'il vous fait ce coup-là, vous pourrez toujours vous consoler en vous disant qu'au moins, il ne risque pas d'être traumatisé à vie par la vision de votre vagin en plein boulot.

Décrire ce qui se passe dans les minutes suivantes est impossible, aucun accouchement n'est le même. La sage-femme vous indiquera comment respirer pour accompagner l'avancée de votre bébé dans votre bassin, et vous expliquera sa progression. Pendant ce temps-là, vous pousserez comme vous n'avez jamais poussé de votre vie, en bénissant vos cours de préparation à l'accouchement grâce auxquels vous inspirez, bloquez et poussez comme il faut. Un accouchement est sans doute la plus grande performance sportive qu'on puisse imaginer! Le marathon de New York à côté, c'est de la gnognotte! Heureusement, il dure moins longtemps : une expulsion qui se passe bien dure moins de 30 minutes. Il est possible, pour aider Babychou à sortir, que l'on vous fasse une épisiotomie, c'est-à-dire une incision de la vulve, pour éviter que la peau ne se déchire. Normalement, grâce à la péridurale, c'est indolore. Si vous souhaitez éviter l'épisiotomie, parlez-en AVANT l'expulsion. Elle sera peut-être nécessaire quand même, mais les sages-femmes essaieront de l'éviter si elles le peuvent.

Et tout à coup, tout s'arrête, la sage-femme dégage l'épaule de votre bébé, vous poussez une dernière fois de toutes vos forces… et le voilà dans vos bras.

Ou alors, aïe, Babychou est coincé, n'arrive pas à passer : on va le chercher. Spatules, césarienne… Nous sommes dans un pays moderne où une naissance compliquée en est rarement une. Les médecins font leur job, vous, vous restez la plus zen possible… et le voilà dans vos bras.

Et là… mais c'est quoi cette couleur violacée? Ce visage écrabouillé? Et cette consistance de chipolata pas cuite? Et ce crâne tout étiré vers l'arrière!!! Et ces poils partout? Où est mon bébé chérubin avec ses joues roses et son petit duvet sur le crâne? Eh bien il sera là dans quelques jours… Pour l'instant, Babychou a plus une tête de boxeur K.O. que de petit ange. Mais pas de panique, son visage va très vite reprendre une couleur normale, se défriper, et son crâne s'arrondir au fil des jours. Quant au duvet, il tombera dans les prochaines semaines : c'est le reste du lanugo qui protégeait la peau de Babychou dans votre ventre. Des parents avertis en valent deux (justement) : un bébé juste après la naissance, c'est assez vilain. Mais qu'importe : vous trouvez déjà que c'est le plus beau de la terre. C'est le vôtre.

Babychou est aussitôt posé sur votre ventre, et quelques minutes après l'expulsion, les soignants vous l'empruntent pour s'occuper de le nettoyer, le peser, le mesurer, vérifier ses fonctions vitales et dégager ses voies respiratoires en aspirant à l'aide d'une petite sonde. Des prélèvements sont faits également dans l'estomac, l'anus et les oreilles de Babychou pour vérifier qu'il n'a pas attrapé de germes lors de son passage dans vos entrailles. Cette opération est impressionnante quand on ne s'y attend pas! Les médecins testeront aussi son réflexe de la marche : eh oui, lorsqu'on les tient debout, les nouveau-nés ont le réflexe de mettre un pied devant l'autre, c'est très étonnant! Cela ne dure pas, il devra réapprendre tout cela pour de vrai dans quelques mois. Chéri est invité à assister à tous ces soins et à garder Babychou dans ses bras une fois qu'il a été « checké » : c'est le moment pour eux deux de faire connaissance, avec beaucoup d'émotion…

Mais pour vous, l'accouchement n'est pas encore terminé, il vous reste la délivrance! Après l'expulsion de Babychou, le placenta se détache et est évacué par de nouvelles contractions dans la demi-heure qui suit. Si Chéri peut sortir à ce moment-là, ce n'est pas plus mal, car c'est nettement moins émouvant que l'arrivée de votre enfant. En voyant la taille du placenta, on se demande comment tout ce barda a pu loger dans notre ventre. Pauvre ventre, qui n'est pas au top : lui qui ressemblait il y a à peine une heure à un beau ballon de foot rebondi ressemble à une baudruche dégonflée après un anniversaire chez MacDo. Les sages-femmes font, si nécessaire, un peu de couture pour réparer les dégâts causés par le passage de votre enfant : normalement, la péridurale agit toujours, vous ne sentirez rien. Si un bout de placenta manque à l'examen, l'équipe médicale ira peut-être vérifier (à la main, mais vous n'en êtes plus à ça près) qu'il ne reste rien dans l'utérus. C'est très important pour éviter les risques d'hémorragie postaccouchement.

Une fois que vous et votre bébé avez été nettoyés et soignés, le personnel vous le ramènera : vous pouvez alors profiter d'un moment de calme incroyable et faire connaissance avec ce petit être (toujours pas très beau, mais déjà moins violet). Si vous le souhaitez, vous pourrez lui offrir une tétée de bienvenue et profiter d'un moment de peau à peau très doux après cette épreuve sportive traversée ensemble.

Et là, vous réalisez brutalement que ça y est, vous êtes censée être une maman, toute votre destinée est désormais imbriquée avec celle de ce petit paquet chiffonné que vous tenez dans vos bras. Mais c'est quoi au juste être une maman ?

Rien ne prépare à cette culbute, ce petit être vous émeut terriblement, mais est-ce que vous l'aimez vraiment? Est-ce que vous allez savoir l'aimer? Vous en occuper? Vous occuper de vous? Les mois de grossesse semblent tout à coup très loin. C'est le début du bonheur, mais aussi des angoisses à tout bout de champ (*Tu crois que c'est normal qu'il ouvre les yeux? qu'il les ferme? qu'il ouvre la bouche? Tu crois qu'il est bien, là? Pourquoi agite-t-il les doigts, il essaie de faire passer un message?*). Devenir mère fait grandir de 10 ans en 10 minutes. L'amour maternel inconditionnel tel qu'on se l'imagine met un peu plus longtemps à se déployer, c'est normal.

Respirez l'odeur de la peau de Babychou, caressez sa joue, admirez le dessin de sa bouche, son petit nez, ses mains qui s'agrippent aux vôtres avec une force étonnante. Vous verrez, pour le reste, ça vous submergera sans même que vous vous en rendiez compte.

Bienvenue au club.

En bref...

✱ Les vraies contractions sont de plus en plus rapprochées et, en général, de plus en plus douloureuses. Si vous perdez les eaux, partez sans délai à la maternité.

✱ Pour que Babychou puisse sortir, vous devez être dilatée à 10 cm. Sachant qu'il faut compter en moyenne une heure par centimètre… Vive la péridurale !

✱ À la naissance, un bébé ressemble à une chipolata/un petit vieux/un boxeur K.-O… Gros nez, yeux de traviole, crâne d'extraterrestre, bouille cabossée… Mais tellement attendrissant déjà.

Et après, qué pasa ?

Vous croyiez qu'après l'accouchement, tout était fini et que votre grossesse était derrière vous… Eh bien, non, pas tout à fait. Avant votre sortie de la maternité, vous allez faire encore quelques découvertes sympatoches.

En France, les mères et leur bébé sont gardés sous surveillance en salle de naissance durant 2 heures après l'accouchement, pour s'assurer que vous êtes tous les deux OK et que Babychou s'habitue bien à son nouvel élément.

Vous serez ensuite ramenés dans votre chambre, avec un Chéri complètement K-O. Les nouveaux papas sont souvent sonnés par l'accouchement et par la performance sportive de Chérie, alors que la maman plane à 3 000.

La plupart des maternités disposent d'une nursery pour accueillir Babychou et vous laisser vous reposer la nuit qui suit votre accouchement. Profitez de ce répit s'il vous est offert, et n'hésitez pas à le demander si on ne vous le propose pas. On n'est pas du tout préparée à la fatigue qui s'accumule dès le retour à la maison, et les heures de sommeil engrangées avant sont précieuses !

Après l'effort, le réconfort. Bah voyons...

Une fois rentrée dans votre chambre, l'excitation et surtout les effets de la péridurale se dissipent : votre corps commence à faire le compte des dégâts causés par l'accouchement. Vous aurez l'impression qu'un troupeau de buffles a visité votre intimité (on n'en est pas loin…), et vous ressentirez de nouveau des contractions douloureuses, qu'on appelle les « tranchées » (un nom de circonstances…). Elles dureront plusieurs jours, de plus en plus faibles et espacées : l'utérus se contracte pour évacuer les lochies (les restes du pique-nique que Babychou a fait pendant 9 mois) et se rapprocher peu à peu de sa taille normale. Si les infirmières vous proposent du paracétamol, prenez-le, même si vous n'avez pas encore vraiment mal. La douleur de ces contractions postaccouchement peut être très intense, presque autant que des contractions de travail : *a priori*, vous avez assez donné… Si vous avez eu des points de suture ou une épisiotomie, vous aurez du mal à vous asseoir, et utiliserez peut-être une sorte de « bouée canard » pour éviter que votre postérieur appuie sur votre lit. Sexy en diable.

Sachez avant d'y être, que le rythme de la maternité n'est pas très favorable au repos : la matinée est occupée par les soins et la formation des jeunes mères par les puéricultrices, l'après-midi étant réservé aux visites. Les infirmières débouleront dans votre chambre à six heures du mat' pour prendre votre température et votre tension, on vous amènera votre plateau de petit déj (pas bon) en même temps que Babychou qui hurle pour son premier repas ; votre café sera froid depuis longtemps quand vous vous souviendrez que vous aussi vous avez faim. Et c'est un défilé ininterrompu jusqu'au déjeuner entre les sages-femmes, les femmes de ménage, les puéricultrices… bref, n'espérez pas faire une sieste en même temps que Babychou, vous n'en aurez pas le loisir !

Détail qui n'en est pas un, pour les mamans qui allaitent : à moins d'être dans un établissement vraiment exceptionnel, les repas sont… mauvais et peu copieux ! Demandez à Chéri de vous ramener des provisions pour tenir, car vous aurez faim, et ce n'est pas un yaourt nature accompagné d'un bout de pain ramollo qui vous aidera à reprendre des forces.

Dès le lendemain de votre accouchement, vous serez soumise à la question qui tue, que vous poseront toutes les infirmières et sages-femmes en entrant dans votre chambre : « *Avez-vous été à la selle ?* » « *Plaît-il, madame ? Voulez-vous dire qu'après ce que vient de subir mon vagin, qu'avec tous ces bleus, bosses et points de suture, vous attendez de moi que je prenne le risque de faire exploser ce qui n'a pas encore craqué en allant aux toilettes ? Vous êtes dingue ou quoi ?* » Voilà à peu près ce que vous aurez envie de leur répondre, tant la perspective d'évacuer une selle vous semble inatteignable, et ce pour le restant de vos jours. 99,9 % des accouchées sont terrifiées à l'idée de subir cette épreuve du feu, et la retardent le plus possible : pas de complexe si vous êtes dans ce cas, c'est tout à fait naturel. Et pourtant… vous devrez passer à la cuvette. Pas le choix. Sinon on ne vous laissera pas sortir, ou alors on vous fera un lavement…

Vos points de suture seront examinés avec soin deux fois par jour, afin de s'assurer que la cicatrisation démarre bien. L'humidité et le confinement n'étant pas très propices à une bonne cicatrisation, celle des points de suture de notre vagin prend un certain temps… Si vous êtes seule dans votre chambre, dos à la porte, avec une alarme sur la poignée, le mieux est de rester le minou à l'air pour que ça cicatrise plus vite. Pas évident de réunir toutes ces conditions ! D'autant plus que vous allez perdre du sang. Beaucoup beaucoup beaucoup de sang. Mieux vaut être prévenue, parce que PERSONNE ne vous a jamais dit que vous deviendriez l'héroïne d'un film gore après l'accouchement ! Les plus sensibles pourraient tourner de l'œil en découvrant l'impressionnante traînée de sang laissée sur le chemin des toilettes. Si vous êtes angoissée, n'hésitez pas à demander aux sages-femmes de vérifier que votre flux est « normal » (si on peut considérer cette semi-hémorragie comme normale…) : tant que vous êtes à la maternité, profitez-en pour poser un maximum de questions, une fois rentrée chez vous, vous allez vous sentir un peu seule.

C'est là que les serviettes spéciales postaccouchement entrent en jeu : si vous avez bien suivi les recommandations de cet ouvrage, vous vous êtes procuré ces serviettes en pharmacie. Bien plus épaisses que les classiques, elles sont tout de même plus discrètes que les « serviettes polochons » fournies par la maternité, qui font en moyenne quatre à cinq centimètres d'épaisseur. Super sympa pour les photos où vous êtes assise en tailleur sur votre lit dans votre bouée canard! Détail bête, mais choisissez plutôt des pantalons de couleur foncée pour votre séjour à la maternité : ainsi, en cas de fuite, vous aurez le temps de courir à la salle de bains avant que d'être repérée par toute votre belle-famille assise autour du lit!

Côté apparence, la perte de poids juste après l'accouchement est spectaculaire, entre six et neuf kilos selon le poids du bébé et la quantité de liquide amniotique. Le reste… ça va prendre un peu plus de temps! Vous serez surprise par la taille de votre ventre les premiers jours : vous aurez l'air d'être enceinte de 6 mois pendant 2 jours, puis de 4 pendant 2 mois… C'est normal, vos organes ont été chamboulés, votre peau est distendue : il faut le temps que tout cela se remette en place. En bref, vous n'êtes pas encore débarrassée de vos jeans de maternité. Vous évacuerez aussi dans les jours qui suivent l'accouchement toute l'eau que vous stockiez un peu partout en fin de grossesse : vous ferez donc pipi toutes les 10 minutes. Au moins, ça ne vous dépaysera pas trop.

Babychou, mode d'emploi ?

Vous serez l'objet de nombreux soins, mais Babychou plus encore. Votre séjour à la maternité est construit comme un miniparcours d'initiation au métier de mère, avec apprentissage des fondamentaux :

- Comment nourrir votre enfant ?
- Comment le laver ?
- Comment changer sa couche et soigner son cordon ombilical ?

Et pour le reste… eh bien, vous vous débrouillez ! Un truc vraiment important : le crâne de Babychou est énorme par rapport au reste de son corps (votre vagin s'en souvient), et son cou est incapable de la soutenir. C'est très important de toujours bien lui maintenir la tête lorsque vous le manipulez.

1) Je le nourris comment ?

Si vous allaitez, préparez-vous psychologiquement : c'est très impressionnant ! Vous aurez l'impression que vos seins vont exploser sous la pression, ils seront durs comme de vrais packs de lait, et ça fait maaaal. Ne paniquez pas et ne les laissez pas s'engorger : mettez Babychou au sein dès qu'il réclame, d'autant plus que ses pleurs déclenchent des montées de lait. Lors de la première tétée, vous galérerez peut-être (sans doute), et vous interrogerez sur le bien-fondé de votre choix. Deux trucs à retenir pour vérifier que vous êtes sur la bonne voie : n'ayez pas peur d'enfouir la tête de Babychou dans votre sein, il ne risque pas de s'étouffer ! Pour téter correctement, il doit être positionné pile face au mamelon, et non joliment incliné sur le côté comme les statues de Vierge à l'enfant pourraient nous le laisser penser. Aidez-le aussi à prendre le mamelon ET l'aréole dans la bouche, sinon il tire sur le mamelon sans réussir à boire, donc crevasses et drame psychologique assurés au bout de 2 jours.

Certains couples mère-enfant trouvent tout de suite leur rythme de croisière, d'autres ont plus de mal : si vous peinez à démarrer, surtout demandez conseil aux sages-femmes, et restez patiente, l'allaitement peut mettre 2 ou 3 semaines à se mettre en place.

Les quantités que Babychou absorbe les premiers jours sont riquiqui : à peine 20 à 30 ml à chaque fois ! C'est-à-dire deux ou trois gorgées d'adulte. Qu'il va mettre 20 à 30 minutes à téter. Six à huit fois par jour. Oui, les journées vont vous sembler très courtes tout à coup…

Pour celles qui ont choisi le biberon, la mise en route est plus simple. On vous proposera peut-être des comprimés (assez forts !) pendant au moins 15 jours pour stopper la montée de lait. Comme nous l'avons déjà dit, ce traitement peut provoquer des vertiges, soyez vigilante si vous avez la tête qui tourne. La maternité vous fournira des biberons tout prêts, et vous indiquera les doses à donner à Babychou à chaque repas, ainsi que les intervalles à (essayer de) respecter entre chacun. Efforcez-vous de vous y tenir, même s'il est tentant de répondre aux premiers pleurs de son enfant en lui offrant du lait. Son système digestif encore immature n'arrive pas à digérer de grosses quantités, et deux repas trop rapprochés pourraient lui donner très mal au ventre. Et donc entraîner des pleurs bien plus difficiles à calmer !

Dans les deux cas, ne soyez pas surprise si votre enfant régurgite beaucoup : pendant quelques jours, il va recracher les glaires et tout le fatras accumulés dans son organisme pendant la grossesse. C'est impressionnant quand on n'est pas prévenue, les glaires étant composées en partie de sang. Si vous avez un doute, appelez une puéricultrice.

2) Je le lave comment ?

Le bain constitue un moment fort de la première matinée postaccouchement. Vous avez enfin pu prendre une douche, avez été rassurée par l'infirmière sur le fait que non, vous ne faites pas une hémorragie, cette cascade de sang est tout à fait normale, et vous êtes invitée par les puéricultrices à donner un bain à Babychou sous leur surveillance. Panique, panique ! Il va vous falloir déshabiller vous-même cette toute petite chose élastique, qui vous fera savoir par des hurlements que ça lui déplaît fortement, redoublant ainsi votre maladresse. Mais, oh bonheur, aussitôt plongé dans l'eau, Babychou s'apaise, se croyant de retour après un mauvais rêve dans son liquide amniotique. Instant de béatitude complète pour lui, d'attendrissement total pour Chéri et vous. Et retour à la réalité dès la sortie du bain : votre progéniture reprendra ses hurlements en comprenant que ce n'était qu'un leurre... Vous allez vous éclater pour le rhabiller, et vous vous autobénirez d'avoir choisi des vêtements qui ne s'enfilent pas par la tête !

Certaines maternités proposent des cours de massage pour nouveau-nés : si vous en avez la possibilité, profitez-en, c'est un moment de grand plaisir pour la maman. Les tout-petits adorent les massages, et une fois les bons gestes mémorisés, vous pourrez lui en faire après chaque bain pour son plus grand bonheur. C'est en plus un bon moyen pour vous de prendre confiance dans vos gestes, de créer un contact charnel avec votre enfant après ces mois de communication intérieure.

Avant le bain, vous découvrirez le rituel de la pesée. Les nourrissons perdent du poids dans les 2 jours qui suivent l'accouchement, en moyenne 10 % de leur poids de naissance. C'est normal, mais la maternité ne vous laissera pas sortir tant que Babychou n'aura pas stabilisé son poids, voire commencé à regrossir. Donc pesée obligatoire chaque jour, avec un bébé tout nu, hurlant, qui en général profite d'être dans vos bras pour envoyer la sauce et la purée sur votre pyjama tout propre, bref, un grand moment de bonheur maternel…

3) Je le change comment ?

Vous apprendrez aussi à changer Babychou. C'est moins compliqué que le bain, mais plus fréquent (jusqu'à six fois par jour au début !!!). Le mode d'emploi des couches vous sera expliqué par les puéricultrices, ainsi que la bonne manière de nettoyer les parties intimes de Babychou. Tous les produits seront mis à votre disposition pendant votre séjour : libre à vous ensuite d'utiliser les mêmes une fois rentrée chez vous ou de choisir une autre marque. Les cours de préparation à l'accouchement comportent un volet sur les selles des nourrissons dans les premiers jours, et l'évolution de leurs couleurs. Noires, vertes, dorées… vous en verrez de toutes les couleurs!!!!

Petite info : il arrive que les bébés, filles ET garçons, aient des pertes blanches, plus rarement de sang, dans les jours qui suivent la naissance. Oui, ça peut surprendre… C'est dû à vos hormones, qui déclenchent chez certains nourrissons des petites règles, tout à fait bénignes. Si vous constatez des pertes de sang dans la couche, alertez tout de même les puéricultrices : mieux vaut s'assurer qu'il ne s'agit pas d'autre chose.

Quant aux soins du cordon, suivez bien les recommandations du personnel de la maternité : on préconise aujourd'hui de le désinfecter après chaque change et de le laisser à l'air en repliant la couche. Il sèche peu à peu et tombe en général une dizaine de jours après la naissance. Manipulez-le avec douceur, mais n'ayez pas peur de faire mal à Babychou lors de ces soins, le cordon n'est pas douloureux pour lui.

Et sinon, Babychou, il s'adapte comment à son nouvel élément ?

Côté look, le lendemain de la naissance, il aura déjà une meilleure tête qu'après l'accouchement : malgré son visage un peu tuméfié par le passage dans votre bassin, il sera nettement moins fripé et cabossé qu'à la sortie. Vous commencerez même à le trouver beau (en revoyant les photos dans un an, vous vous direz « *ah oui, tout de même…* »), et jouerez à chercher les premières ressemblances avec vous et/ou Chéri.

C'est aussi à la maternité que vous affronterez les premiers pleurs de votre enfant. Chacun a son caractère, aussi il est difficile de décrire un comportement type des nourrissons, mais on peut dire sans prendre de risque qu'un tout-petit, ça pleure souvent. La plupart du temps, parce qu'il a faim : si cela fait plus de 3 heures qu'il a pris son dernier repas, tout va bien, la réponse est simple. Mais s'il pleure juste après avoir fini de manger, là, c'est plus compliqué… Les gestes propres à chaque mère viennent naturellement, ne craignez pas de mal faire : c'est vous qui créez pour Babychou les gestes qui le réconforteront, vous êtes sa mère… Sachez que l'odorat des nouveau-nés est leur sens le plus développé : ils ont la vision d'une taupe, le toucher erratique d'un poulpe à la dérive, et leur oreille est encore habituée au brouhaha de votre utérus. Mais Babychou reconnaît déjà votre odeur entre toutes, et c'est pour lui la plus rassurante qui existe. S'il pleure ou qu'il manifeste de l'inconfort, nichez-le sur votre poitrine, l'oreille contre votre cœur, le nez sur votre peau, et bercez-le, cela l'apaisera certainement. N'ayez pas peur de lui donner de mauvaises habitudes en le portant : il vient de passer 9 mois au paradis, et il a été (violemment) catapulté à l'air libre. Il a encore besoin pendant quelque temps d'être réchauffé dans vos bras pour se rassurer et observer le monde qui l'entoure d'un œil serein. Il est très émouvant de découvrir que vous êtes le refuge ultime pour cette toute petite crevette blottie dans vos bras… Profitez-en, ils grandissent vite! (Ça, vous allez beaucoup l'entendre…)

Certaines mères disent se sentir coupables de ne pas aimer instantanément leur enfant. Mais c'est normal : le sentiment d'être mère ne vient pas tout de suite, contrairement à ce que l'on vous serine. Certes, vous êtes d'ores et déjà passionnée par ce petit être tout fripé qui dort les trois quarts du temps, mais vous ne savez pas encore si vous l'aimez. Vous avez besoin de faire connaissance, d'apprendre à le connaître, que lui vous connaisse aussi. Et cela vous culpabilise… Et pourtant, une amitié, un amour se construisent avec le temps. C'est pareil pour votre enfant, en accéléré : au bout de quelques jours, vous serez submergée par la profondeur des sentiments qu'il vous inspire, et par le désir animal de le protéger et de veiller sur lui quoi qu'il arrive. Ce n'est pas l'accouchement qui fera de vous une mère, mais votre enfant. Laissez-vous le temps de réaliser à quel point votre vie est bouleversée par sa naissance.

Votre chambre, le dernier salon où l'on cause

Dernier volet de la vie à la maternité : les visites! Chéri et vous avez envoyé des messages pour prévenir les copains de l'arrivée de Babychou, et vous avez appelé les nouveaux grands-parents, tontons et tatas pour leur annoncer la bonne nouvelle de vive voix. Votre mère et votre belle-mère seraient bien passées vous voir immédiatement après votre accouchement : Chéri s'est gentiment chargé de leur expliquer que, non, là vous êtes naze de chez naze, vous venez de mettre un enfant au monde, qui sera toujours là demain pour la présentation officielle. Vous êtes absolument crevée, moulue comme après un passage à tabac, vous avez grand besoin de vous reposer… N'ayez pas de scrupules à sélectionner les visites, et à en annuler certaines si vous êtes épuisée ou si Babychou est énervé. Demandez (enfin, demandez à Chéri de demander) à vos proches de ne pas rester plus de 20 minutes pour ne pas vous fatiguer.

Chéri devra aussi filtrer, car en plus des grands-mères, tout votre répertoire va vouloir venir vous rendre visite ! Et ceux qui ne pourront pas se déplacer n'auront de repos qu'après vous avoir félicitée par téléphone pour l'apport inestimable que vous venez de faire à l'humanité avec la naissance de Babychou. Ce qui veut dire que pendant vos rares moments de tranquillité entre vos soins, ceux de Babychou, et les visites de vos intimes, au lieu de vous reposer, vous vous sentirez tenue de rappeler toutes ces bonnes âmes qui vous ont laissé des messages enthousiastes. C'est vrai que c'est gentil… Mais si vous êtes crevée, pensez à vous, c'est vous qui venez d'accoucher, et personne ne vous tiendra rigueur de couper votre portable pour dormir plutôt que de tenir une chronique mondaine depuis votre lit ! Certaines nouvelles mères interdisent carrément l'accès de leur chambre à tout autre que Chéri : radical, mais en même temps, vous aurez tout le temps de recevoir chez vous ceux qui souhaitent embrasser le front de Babychou, et vous serez mieux installée dans votre canapé plutôt que sur votre lit en équilibre sur une bouée canard…

Chacune son truc, soyez juste consciente que la maternité, c'est encore les vacances par rapport à ce qui vous attend à la maison, donc RE-PO-SEZ-VOUS autant que possible, après c'est fini pour une quinzaine d'années.

D'ailleurs, puisqu'on en parle, ayé, cela fait quelques jours que vous avez accouché ? Babychou a été examiné par le pédiatre qui a confirmé qu'il était en pleine forme et apte à découvrir sa vraie maison ? Vous avez été à la selle et savez nettoyer celles de votre enfant ? Circulez, madame, il n'y a plus rien à voir ici. N'oubliez pas, pour les mamans qui se déplacent en voiture, il est obligatoire d'installer Babychou dans un cosy ou une coque homologués pour le ramener à la maison.

En bref...

✳ Les contractions, quand il n'y en a plus, il y en a encore ! Et vous êtes partie pour un bon mois de règles puissance 10.

✳ Profitez de votre séjour pour poser un maximum de questions aux sages-femmes et aux puéricultrices. Pas de complexes : vous débutez, c'est normal de ne pas savoir.

✳ Vous venez d'accomplir une sacrée performance : reposez-vous autant que possible, vous avez besoin de récupérer.

Et bon retour chez vous, hein !

Voilà, vous êtes rentrée. Avec Chéri, vous avez fait visiter la maison à Babychou, qui a trouvé son lit et sa table à langer très jolis. Après une petite heure de répit, il s'est mis à hurler. Sauf que là, vous êtes toute seule. Et cela ne fait que commencer...

Le retour à la maison, c'est dur. Honnêtement. L'euphorie de la naissance s'est un peu dissipée, et vous subissez de plein fouet le « hormone crash » : 4 jours après l'accouchement, toutes vos hormones qui étaient au plafond depuis 9 mois redescendent brutalement à leur niveau habituel. Sacrée claque. Et pas de bol, cela coïncide avec l'arrivée dans votre home sweet home, et les premières questions à affronter seule avec Chéri.

Le baby blues, ça se traduit comment ?

Ne vous étonnez pas si vous passez du rire aux larmes en 30 secondes, c'est tout à fait normal. Vous serez à fleur de peau, et vous réaliserez soudain à quel point vous êtes fatiguée. Déjà. Cet état très instable dure entre quelques heures et plusieurs jours, selon les femmes : s'il s'installe, c'est ce qu'on appelle le fameux « baby blues ». Une déprime plus ou moins forte, liée à un état de fatigue nerveuse, à un questionnement permanent, à un quotidien bouleversé, au fait que vous êtes soudain passée du statut de « femme-enceinte-centre-de-toutes-les-attentions » à celui de « mère-de-Babychou dont-on-n'a-plus-grand-chose-à-cirer ». Si vous vous sentez trop abattue, n'ayez pas de complexe à en parler à Chéri, à votre mère, à vos copines, et surtout à votre médecin.

D'ailleurs, si Chéri peut prendre quelques jours pour être avec vous au moment de votre retour, insistez pour qu'il le fasse ! Ce n'est pas à la maternité que vous avez besoin de lui vingt-quatre heures sur vingt-quatre, mais à la maison, où vous serez soudain seule face à vos questions et à votre nouveau job de maman. Les 2 premières semaines sont l'occasion de poser ensemble les bases de votre nouvelle cellule familiale, de vous placer sur un pied d'égalité sur les changements de couche, le bain, les pleurs… Vous pourrez ainsi profiter ensemble des premières transformations de Babychou : tout va très très vite au début, on n'a pas envie d'en rater une miette ! Et surtout, à deux, vous pourrez vous répartir les tâches de façon militaire pour tenir la distance et vous ménager des moments de repos à tour de rôle. Sinon, craquage en vue au bout de 3 semaines. Quand Chéri reprendra le boulot, confiez-lui les quarts de la soirée et du matin : cela vous laissera un peu de répit.

Prévoyez un petit calepin sur lequel vous noterez les horaires des repas de Babychou et les quantités absorbées, *idem* pour les selles. Ça a l'air idiot, mais au bout de quelques jours, avec la fatigue, vous serez bien en peine de vous rappeler si Babychou a bien été à la selle, ou à combien de tétées il en est sur les dernières 24 heures. Si vous faites un relais de nuit avec Chéri, vous aurez un état des lieux sans avoir besoin de réveiller l'autre, et surtout, cela libérera le peu de neurones disponibles qu'il vous reste.

Après l'accouchement, les suites de couches : c'est-à-dire ??

Les suites d'un accouchement sont très fatigantes, même si on s'inquiète souvent plus du bébé que de la maman. Vous allez continuer à perdre du sang (en quantité toujours impressionnante) pendant plusieurs semaines, cela épuise l'organisme. La maternité vous donnera une ordonnance pour des comprimés de fer : prenez-les, vous en avez absolument besoin ! La fatigue physique est intense, vous pourrez avoir des symptômes forts, comme des vertiges ou des malaises, provoqués par une anémie. Sans parler de la difficulté de s'adapter à ce nouveau rythme sans rythme imposé par Babychou. Dormir 3 heures d'affilée vous semblera une éternité comparée aux miettes de nuit que vous laissera votre enfant les premiers temps. Le manque de sommeil est un vrai supplice chinois : on perd ses repères, on n'arrive plus à s'organiser, on lutte contre l'épuisement au réveil et ensuite on ne parvient pas à se rendormir… Très dur ! Mais cela ne dure pas longtemps, je vous rassure.

Si vous allaitez, il vous faudra aussi gérer les montées de lait, les réveils avec les seins tendus et gonflés, la faim et la fatigue. La succion des mamelons par Babychou vous donnera des contractions utérines, toujours les fameuses tranchées : l'allaitement favorise ainsi le retour à une taille normale de votre utérus.

Nous l'avons déjà dit, si vous n'allaitez pas et que vous prenez un traitement pour stopper les montées de lait, il sera peut-être la cause de vertiges. Comme lorsque vous étiez enceinte, soyez vigilante en vous relevant, évitez les mouvements brusques et les longues stations debout.

Votre ventre va dégonfler, mais très très progressivement : il est fort probable que 2 mois après la naissance de Babychou, vous portiez encore vos pantalons de grossesse. Ou qu'en tout cas, vous ne rentriez pas encore dans vos vêtements d'avant. Inutile de déprimer ou de vous mettre la pression : on dit que s'il faut 9 mois pour faire un enfant, il faut aussi 9 mois pour récupérer sa silhouette. Vous pourrez accélérer le processus grâce au sport, une fois entamée votre rééducation du périnée.

La rééducation du périnée, justement ! Vous le sentez, quand vous restez debout longtemps ou que vous essayez de trottiner, vous avez comme une sensation de béance au niveau du vagin. Normal, les muscles de votre périnée, déjà bien distendus par la grossesse, ont été malmenés par le passage de Babychou, et il faut remettre tout ça en place. La rééducation du périnée débute environ 2 mois après l'accouchement, à raison de deux séances par semaine. Elle se pratique avec une sage-femme, ou éventuellement un kiné. De vous à moi, vu l'importance de bien consolider cette zone cruciale dans votre vie de femme, je vous conseille plutôt de faire vos séances avec une sage-femme. C'est leur métier, elles ont vu passer un paquet de périnées en vrac, et elles adaptent la rééducation aux dommages subis par le vôtre. En gros, pendant les séances, la sage-femme introduit ses doigts (gantés) dans votre vagin et vous demande de contracter les différents muscles de votre périnée : vous allez découvrir un paquet d'inconnus au bataillon ! Elle vous donnera des exercices à faire chez vous, dans différentes positions et plusieurs fois par jour : si vous voulez un jour retrouver toutes vos sensations sexuelles et conserver une bonne tonicité vaginale jusqu'à un âge respectable, faites-les !! Cela vous réconciliera avec votre vagin, et favorisera le retour à une vie sexuelle avec Chéri après le carambolage de l'accouchement. Appelez dès votre retour à la maison pour caler vos rendez-vous, les sages-femmes ayant souvent des agendas de ministre.

Pensez à prendre rendez-vous avec votre gynécologue habituel (ou celui de la maternité si toute votre grossesse a été suivie là-bas) un mois après l'accouchement : le médecin fera un check de l'état de votre vagin, de votre vessie, de vos éventuelles cicatrices, testera votre tonicité abdominale (nulle, *a priori*…), et vous proposera de reprendre une contraception. La maternité vous remet en général une ordonnance pour un moyen de contraception à votre sortie : si ce n'était pas le cas, rachetez des capotes !

Bah oui, contraception ! Vous vous voyez en reprendre pour 9 mois, là maintenant tout de suite ? Contrairement à une idée reçue, allaiter n'empêche pas de tomber enceinte ! D'autant plus qu'un mois et demi après l'accouchement, beaucoup de femmes sont « hyper » fécondes. Faites gaffe avec Chéri, vous pourriez trouver la plaisanterie de mauvais goût si votre retour de couches se transformait en deuxième grossesse. Et le retour de couches, c'est quoi ? Eh bien, il s'agit tout bêtement du retour de vos règles, 6 à 8 semaines en moyenne après l'accouchement si vous n'allaitez pas. Si vous allaitez, le retour de couches sera plus tardif, parfois plusieurs mois après votre accouchement. On le répète, ce n'est pas ça qui vous empêchera de retomber enceinte pendant cette période, alors on fait gaffe !

Devenir mère, ça s'apprend sur le tas

Quand on se retrouve soudain chez soi, dans son cadre de vie habituel, avec Babychou dans les bras, toutes les questions prénaissance prennent soudain une tout autre dimension, et les angoisses sont naturelles. La qualité du lait, la température du bain, la taille des couches, la douceur du pyjama, le chauffage chez vous, bref… tout cela se transformera soudain en question existentielle de la première importance ! Si vous n'avez pas l'habitude des tout-petits et que vous vous sentez larguée, plutôt que de pleurer dans votre coin ou d'appeler la maternité toutes les 3 minutes, demandez de l'aide à votre mère ou votre belle-mère, si vos relations sont bonnes. Autrefois, les jeunes mères étaient épaulées par toute la maisonnée à la naissance de leur premier enfant : le challenge est bien plus dur à relever aujourd'hui ! Sans forcément souhaiter qu'elles s'installent vingt-quatre heures sur vingt-quatre dans votre canapé, leur présence et leurs conseils pratiques peuvent s'avérer de précieux guides dans vos premiers pas de jeune maman. Et cela vous permettra aussi de faire la sieste pour récupérer entre les tétées de Babychou. Si vous n'avez pas de famille à proximité, sachez que vous pouvez recevoir la visite d'une sage-femme à domicile : si vous avez besoin de conseils pour les soins de Babychou, ou des inquiétudes quant à votre état à vous, elle saura vous rassurer et vous guider.

N'oubliez pas de prendre rendez-vous chez le pédiatre pour Babychou : il doit obligatoirement être examiné par un médecin 8 jours après sa naissance. Il vérifiera sa tonicité, son poids, vous interrogera sur son alimentation et son sommeil : profitez de ce rendez-vous pour lui soumettre toutes vos questions et angoisses, vous en ressortirez rassérénée.

Et ne culpabilisez pas si vous avez du mal à vous adapter à ce nouveau rythme. C'est normal ! Pour toute nouvelle mère, être douchée/habillée/nourrie avant 17 heures, c'est un véritable exploit ! Babychou ne maîtrise pas encore (du tout) les concepts de jour et de nuit, il est donc fort possible qu'il vous réveille quatre fois entre 23 h et 8 h du matin, et qu'il dorme ensuite 4 heures d'affilée. Sauf que vous, vous n'avez pas dormi de la nuit, et qu'une fois le jour levé, vous regardez d'un œil morne la montagne de langes, pyjamas, bodys, qui attendent d'être lavés, vos cheveux gras, votre salon en pagaille, les biberons dans l'évier… Le temps que vous veniez à bout de tout ça, c'est en général quand vous vous glissez enfin sous la douche que Babychou décide de se réveiller en fanfare. Si vous le laissez pleurer 3 minutes, le temps de rincer votre shampooing, il survivra, et vous passerez une meilleure journée, alors ne culpabilisez pas… Ensuite, c'est reparti pour une série changement de couche / repas / rot / rechangeage de couche / crise de larmes / première tentative pour le coucher / recrise de larmes / rerechangeage de couche, pour finir par l'endormir dans vos bras, sur le canapé, où vous restez coincée une heure sans oser bouger de peur de le réveiller. Non, ce n'est pas vous qui êtes nulle, c'est la période d'adaptation qui veut ça !

Mais pourquoi il pleure (p… de b… de m…) ?

Les crises de pleurs de Babychou sont très difficiles à supporter pour les jeunes parents. D'abord parce que cela vous inquiète, mais aussi parce que parfois, rien ne le calme. Avant que vous appeliez la DDASS pour vous dénoncer comme une mauvaise mère incapable de s'occuper de son enfant, sachez que c'est normal. Ne vous laissez pas impressionner, même si le volume est impressionnant. C'est le seul moyen d'expression de Babychou, et qu'il ait mal au ventre, la mégadalle, une angoisse, ou un gratouillis sur le cuir chevelu, c'est le même tarif. Il pleure. Parfois, il n'a rien, il a juste besoin de s'exprimer, et comme il ne sait pas le faire autrement… Il est fréquent que les nourrissons pleurent beaucoup en fin de journée, au moment où le jour décline : ils évacuent les tensions et les découvertes de la journée. Cela peut durer une heure, voire plus. En cas de crise inarrêtable, une petite promenade en poussette, voire en voiture, vient normalement à bout des plus résistants. Ensuite, le plus difficile est de le reposer dans son lit sans le réveiller : c'est un vrai challenge! Après ça, jongler avec des vases Ming vous semblera un jeu d'enfants!

Souvent, les promener dans vos bras les calme. N'ayez pas peur de beaucoup porter votre enfant les 2 premiers mois, il ne prendra pas de mauvaises habitudes pour autant. Être blotti tout contre vous le rassure, le berce et l'endort. Et cela vous permet de vaquer à vos occupations, de manger, de vous brosser les dents, d'aller à la pharmacie, sans être trop tributaire de son rythme. Bien sûr, il ne faut pas le porter toute la journée, son dos a besoin d'être à plat pour grandir, mais c'est très pratique lorsqu'il ne veut pas se rendormir pour une sieste. Vous avez tout le temps de l'habituer à s'endormir seul, l'important c'est de continuer à essayer.

Et ne laissez pas pleurer votre tout-petit. À 2 semaines, les bébés ne font pas de caprices, quoi qu'en disent les anciens. Avant 3 mois, quand un bébé pleure, c'est qu'il a un message à faire passer : faim, douleur, mais aussi parfois angoisse, solitude. Inutile de vous ronger les ongles derrière sa porte à compter les minutes : s'il pleure, prenez-le dans vos bras, réconfortez-le, donnez-lui éventuellement une sucette (c'est le nom savant de la tétine) s'il semble avoir besoin de téter, il apprendra ainsi à faire confiance au monde qui l'entoure.

La question de la sucette est un sujet qui divise les foules. Vous entendrez les pires horreurs sur elle, tout comme des témoignages de mères qui vous expliqueront qu'elle a sauvé leur vie du naufrage. Si vous pensez que cela lui fait du bien, donnez une tétine à Babychou : le tout est de ne pas la lui donner tout le temps, mais de la réserver pour les moments de crise ou d'endormissement, afin qu'il ne s'habitue pas à tétouiller à longueur de journée. Là, vous auriez du mal à l'en sevrer. Mais bon… vous vous poserez des questions s'il a encore sa sucette pour entrer au CP, mais avant un an, franchement !…

Et bien sûr, les bébés pleurent quand ils ont faim. Pleurer est un faible mot : si vous mettez plus de 3 minutes à préparer leur repas ou à dégrafer votre soutien-gorge, leurs hurlements iront crescendo jusqu'à obtenir satisfaction ! C'est au contact d'un nourrisson que l'on découvre l'origine de l'expression « casser les oreilles »… Il leur arrive aussi de pleurer parce qu'ils ont mal au ventre : en cause, une digestion difficile, voire un trop-plein de lait. Les nourrissons avalent chaque jour l'équivalent de 20 litres d'eau pour un adulte ! Forcément, ça peine à passer dans leur minitube digestif, et ils régurgitent beaucoup. Si Babychou pleure moins de 2 heures après avoir mangé, essayez de le masser, de le promener pour lui faire passer le temps, mais ne lui redonnez pas à manger tout de suite, vous risqueriez d'aggraver les problèmes de trop-plein et donc de reflux et de régurgitations. Surtout, ne changez pas son lait sans en avoir discuté avec votre pédiatre : c'est à lui de juger si Babychou a besoin d'un lait spécifique.

Peu à peu, vous prendrez vos marques, comprendrez de mieux en mieux les messages de Babychou, anticiperez ses crises de larmes, les réveils au milieu de la nuit, et parviendrez à organiser votre journée pour retrouver un peu de temps pour vous. Scotchez-vous un Post-it sur le miroir de votre salle de bains, pour vous requinquer les jours de petit moral et vous guider dès le matin dans votre journée : *« Fais-toi confiance ! »* Babychou est votre enfant, il s'adapte à votre façon de vous occuper de lui, tant que vous lui prodiguez amour et nourriture, vous ne pourrez pas faire de (grosse) boulette. Et puis de toute façon, c'est en faisant des boulettes qu'on apprend pour les suivants ! (Mais si, un jour vous aurez envie d'en faire un deuxième, rassurez-vous !) Vous vous étonnerez des ressources inattendues que vous découvrirez en vous pour prendre soin de votre enfant, l'éveiller, communiquer avec lui. Patience, c'est de mieux en mieux tous les jours !

C'est dingue, tous ces gens qui veulent voir Babychou !

En plus de votre fatigue et de vos angoisses, vous affronterez un défilé ininterrompu de famille et de copains qui veulent rencontrer la merveille : c'est super, ça fait plaisir, vous êtes fière de présenter Babychou à vos proches, mais organisez-vous pour ne pas être débordée !

Faites un planning de visites afin de conserver des créneaux pour vous reposer : vos nuits seront hachées et imprévisibles, toute sieste est bonne à prendre pour ne pas vous écrouler de fatigue au bout d'un mois. Mettez Chéri sur le coup, qu'il fasse le filtre entre Babychou, vous et le monde extérieur, qu'il soit votre attaché de presse pendant cette période d'adaptation. Et tant pis si tante Jeanine doit attendre 15 jours pour venir embrasser son petit-neveu : elle s'en remettra, et en plus… elle a le menton qui pique ! Quant à ceux qui s'incrustent sur votre canapé, attendant que vous les invitiez à rester dîner à la bonne franquette comme avant, pas d'états d'âme : mettez-les à la porte gentiment. Tant que l'on n'a pas eu d'enfants, on ne réalise pas dans quel état de fatigue sont les jeunes parents, et surtout la maman ! Là, c'est à Chéri de faire la police, vous, vous avez déjà assez de boulot comme ça. Parlez-en avant pour éviter qu'il ne débouche une bouteille de vin à 19 h en prononçant le fatidique : « *Bon, vous restez dîner ? Chérie, on a bien un truc à grignoter dans le frigo ?* »

C'est sympa de recevoir plein de monde chez soi, mais pour vous qui ne voyez pas le jour entre les couches et les repas, cela vous fera aussi du bien de mettre le nez dehors ! En allant vous promener avec Babychou dès que vous vous en sentirez la force, mais aussi en vous offrant des moments à vous : apéro avec des copines, soin dans un institut de beauté… Demandez à Chéri de prendre le relais pour une heure ou deux et allez vous aérer seule. Vous rentrerez requinquée à la maison, et encore plus heureuse de retrouver votre bout de chou.

« Et ils vécurent heureux et eurent beaucoup d'enfants »

Pour les enfants, c'est bien parti, bravo. Pour le bonheur, vous n'en êtes qu'aux prémices de votre vie à trois, et c'est déjà incroyable. Votre quotidien est profondément chamboulé, il vous faudra quelques mois pour trouver de nouvelles marques avec Chéri. N'attendez pas trop pour sortir en amoureux : dès que Babychou sera à peu près calé, confiez-le à un proche en qui vous avez toute confiance, et offrez-vous un bon resto pour rire ensemble de vos dernières aventures ! Vous pourrez ainsi discuter de vos ressentis, de vos angoisses, de vos formidables découvertes en toute tranquillité, sans être interrompus par un réveil subit. Laisser votre enfant vous semble insurmontable ? C'est normal… Et plus on attend, plus c'est dur, alors faites-vous violence la première fois et choisissez le resto du coin de la rue pour vous rassurer, après ce sera plus facile.

Vous vous demandez au bout de combien de temps vous allez pouvoir retrouver une vie sexuelle avec Chéri ? Tout le monde se pose la question, c'est normal. Tout dépend de votre accouchement : si vous avez eu une épisiotomie, il vous faudra peut-être 2 bons mois avant de surmonter votre appréhension. Si vous n'avez pas eu de points de suture, vous serez sans doute en état d'essayer au bout d'un mois. Mais attention, tout en douceur : tant que vous n'avez pas fait votre rééducation, votre vagin n'est pas solide du tout, votre vessie un peu basse, mieux vaut y aller mollo. Vous ressentirez peut-être des douleurs, des tiraillements : c'est normal tant que votre rééducation n'est pas achevée, vous avez quand même sacrément dégusté. N'hésitez pas à en parler à votre médecin pour qu'il vérifie que tout est à la bonne place. Et discutez avec Chéri de vos appréhensions pour qu'il redouble d'attentions.

Devenir parents ensemble est une expérience incroyable, bouleversante, un changement de tous les jours. Vous apprendrez à échanger chacun à votre façon avec votre enfant : écoutez-vous, laissez-vous de la place, sachez apprécier les différences de l'autre dans sa manière de communiquer avec Babychou. C'est un chemin pas toujours évident, mais formidablement enrichissant si l'on reste à l'écoute. Protégez votre cellule familiale de l'extérieur, Chéri et vous êtes les seuls responsables de l'éducation de Babychou. Vous devrez vous adapter sans cesse à son évolution, n'oubliez pas d'en discuter tous les deux pour rester en harmonie. Ménagez-vous des moments à deux, c'est important pour rester un couple et ne pas devenir que des parents. N'hésitez pas à sortir avec Babychou les premiers temps : jusqu'à 3 mois, il dort partout, dans le bruit, la lumière, peu importe, il est facile à trimballer. Ses affaires, moins, mais bon… Dans quelques mois, il sera moins mobile, et vos soirées seront plus difficiles à organiser.

Et surtout, profitez ! Profitez de ce regard qui devient chaque jour plus net, des premiers vrais sourires, des premiers gazouillis, des premiers éclats de rire, des premiers exploits sportifs (Babychou s'est retourné tout seul !), vivez pleinement toutes ces émotions magnifiques : un enfant, quel cadeau !

Et vous n'en êtes qu'au début.

En bref...

✳ Un accouchement, c'est lessivant. Soyez vigilante avec votre santé, dormez dès que vous avez une minute (tant pis pour la vaisselle), prenez du fer pour lutter contre les risques d'anémie.

✳ La contraception est très chaudement recommandée si vous ne voulez pas repartir trop vite pour un deuxième tour.

✳ Devenir mère s'apprend sur le tas : n'hésitez pas à demander conseil aux anciennes. Plus les semaines passeront et mieux vous décrypterez les messages de Babychou.

✳ Vous avez besoin de repos : demandez à Chéri de filtrer les visites pour ne pas vous épuiser en mondanités.

✳ Vous êtes devenus parents, vous n'êtes plus deux mais trois : n'oubliez pas votre couple et offrez-vous des moments de détente avec Chéri !

MON CALENDRIER DE GROSSESSE

PREMIER MOIS (0-1) : ça y est!
Conception
Où sont mes règles?
Test de grossesse
Premier rendez-vous chez le médecin
Inscription à la maternité

DEUXIÈME MOIS (1-2) : bouark…
Ventre = balle de ping-pong
Nausées, acné, fatigue et seins qui poussent
Secret difficile à garder!

TROISIÈME MOIS (2-3) : bouark bis…
Ventre = balle de tennis
Nausées, fatigue et seins qui poussent
Achat premier pantalon de grossesse et soutiens-gorge costauds.
Entre 11 et 13 semaines d'aménorrhée, première écho : salut Babychou!
« Les amis, je suis enceinte! »

QUATRIÈME MOIS (3-4) : enfin, je profite.

Ventre = melon
Fini les nausées, la fatigue, l'acné ! Les seins continuent à pousser…
Perception des mouvements de Babychou
Tours de fesses et de cuisses en péril
« Cher Patron, je suis enceinte. »

CINQUIÈME MOIS (4-5) : quelle patate !

Ventre = petite pastèque
Achat pantalon avec large ceinture élastique et vrais T-shirts de grossesse
Entre 21 et 24 semaines d'aménorrhée, deuxième écho : fille ou garçon ?
Début des négociations sur le prénom…
Réflexion sur le mode de garde

SIXIÈME MOIS (5-6) : quelle forme !

Ventre = ballon de handball
Inscription à la crèche
Repérages du matériel de puériculture
Prises de rendez-vous avec sage-femme pour préparation à l'accouchement

SEPTIÈME MOIS (6-7) : bientôt la quille.

Ventre = ballon de football
Problèmes de circulation, crampes
Premiers achats et commandes pour le matériel de puériculture

HUITIÈME MOIS (7-8) : les derniers préparatifs !

Ventre = ballon de basket
Entre 31 et 33 semaines d'aménorrhée : troisième et dernière écho ! On n'y voit plus rien…
Installation de la chambre de Babychou
Cours de préparation à l'accouchement
Pot de départ au boulot

NEUVIÈME MOIS (8-9) : ras-le-bol !

Ventre = montgolfière
Rétention d'eau + essoufflement + déplacements limités = ennui
Préparation de la valise de maternité
Chambre de Babychou terminée (ou pas…)
Rédaction des faire-part, recherche du futur pédiatre
D-DAY !

DIXIÈME MOIS (9 + 1, 2, 3, 4, 5, 6…!) : tu sors de là ou ça va barder !

Heureusement, c'est rare…

Table

Avant-propos	7
Tomber enceinte, un jeu de (grands) enfants…	9
Je suis enceinte!!!!! Et maintenant, je fais quoi?!	19
Mais de combien je suis enceinte, en fait?	35
De la difficulté de garder le secret!	45
Ces petits maux glamour des premiers mois… et des suivants!	55
Ma beauté, ma grossesse et moi	75
Le sport enceinte, faux ami ou vraie bonne idée?	91
Côté assiette, comment ça se passe?	101
Les premiers contacts avec Babychou : qui es-tu, remuant inconnu?	113
Non mais, de quoi ils se mêlent?	125
Biberons contre nichons, le match!	137
Le travail, c'est la santé. Et enceinte, ça donne quoi?	155
Chéri(e), tu m'aimes?	163
Les autres, mon ventre et moi	175
Enceinte, à l'ouest tu seras!	183

Préparer l'arrivée de bébé, un vrai casse-tête! ...	193
Et au fait, Babychou, on en fera quoi après?	213
Et sinon, l'accouchement ça se prépare comment?	225
Les derniers détails avant l'accouchement	233
Alors, ça vient?	243
La vérité sur l'accouchement et une rencontre du troisième type	255
Et après, qué pasa?	273
Et bon retour chez vous, hein!	291
Mon calendrier de grossesse	309

REMERCIEMENTS

Ce livre n'aurait pas pu être écrit sans les confidences de nombreuses futures ou heureuses mamans, qui ont partagé au détour d'un apéro ou d'un entretien leurs souvenirs, leurs angoisses, leurs fous rires, leurs crises de rires et de larmes…

Par ordre d'apparition sur Terre, et parce que partager les grossesses de leur mère m'a donné envie de partager avec vous les péripéties de la Grossesse, merci à :

Vanille & Mathurin J.
Swann & Mathis F.
Agathe G.
Arthur & Louise R.
Raphaël et Alexandre M.
Zoé Z.
Élise & Nora G.
Adrien & Gaspard C.
Bettina & Melvil B.-T.
Maïana P.
Théodore & Céleste B.
Adrien & Gaspard D.
Roman B.
Joseph & Camille C.
Manon T.
Jules M.-G.
Manon L.

Louise N.
Gabrielle D.
Malo C.
Samuel M.
Axel L.
Camille D. L. C.
Scarlett V.

Un big up tout spécial :
— à Caro, qui a relu chaque version du manuscrit avec un soin méticuleux et un œil attentif, pour me proposer des corrections sans concessions. Merci pour tout ma Loutte.
— à Cat, qui a vécu l'écriture du livre en même temps que sa grossesse, et qui m'a commenté à chaud les réactions et questions suscitées par certains passages. Merci pour tes questions sans détour qui appelaient des réponses sans détour! Bravo pour ta magnifique Scarlett, vrai petit miracle! Et respect pour ta grossesse, qui pourrait figurer au Guiness de la scoumoune…
— à Géraldine pour son précieux regard médical qui m'a évité bien des erreurs, et donné des tonnes de conseils utiles.
— aux Sophie G. et D.L.C., qui ont relu le livre dans sa première version : vos suggestions, votre humour, vos conseils, m'ont permis de construire la trame de cet ouvrage.
— à Pep qui a ouvert la voie, et m'a rassurée sur le fait qu'on pouvait être enceinte, drôle et belle à la fois, et montré qu'on pouvait devenir une maman à donf sans cesser d'être une formidable amie.
— à Perrine L. et Aurélie D., dont l'enthousiasme à la lecture du manuscrit m'a donné confiance et envie de mener à terme ce projet.
— à Valérie qui m'a fait le plus beau compliment du monde en me disant que le livre lui donnait envie de tomber enceinte, « *juste pour ressentir toutes ces émotions* ».

Merci Moune et Poune, vous êtes des parents formidables, je le savais déjà, mais devenir mère m'a permis de comprendre quel sacré bon job vous avez fait avec nous quatre. Merci de m'avoir toujours encouragée à écrire.

Merci Cam ma sœur en or, pour ta patience, ton écoute, tes conseils, ton regard!

Merci, Cécile, de m'avoir lue…

Merci, Carine, pour ton regard de professionnelle, ton écoute et ta confiance, qui m'ont permis d'aller au bout du manuscrit. Et merci pour tes anecdotes croustillantes!

Et surtout, merci à Philippe, qui a traversé la grossesse avec moi à ses risques et périls, et qui a eu le courage de relire le manuscrit en entier, en essayant de faire abstraction de ce qu'il aurait préféré ne jamais savoir, qui m'a encouragée et soutenue jusqu'au bout dans l'écriture.

Enfin, merci à mon fils Arsène, mon héros de chaque matin, le plus beau-fort-intelligent-drôle de l'Univers, qui après m'avoir fait vivre une grossesse épanouie, fait de moi la plus fière des mamans. Te regarder grandir est un cadeau de chaque instant.

Composition réalisée par DATAGRAFIX

Achevé d'imprimer en mars 2011 en Allemagne par
GGP Media GmbH
Pößneck
Dépôt légal 1re publication : avril 2011
LIBRAIRIE GÉNÉRALE FRANÇAISE – 31, rue de Fleurus – 75278 Paris Cedex 06

30/1875/1